O meu, o seu, o nosso querer

Dados Internacionais de Catalogação na Publicação (CIP)
(Câmara Brasileira do Livro, SP, Brasil)

Di Nizo, Renata
O meu, o seu, o nosso querer : ferramentas para a comunicação interpessoal / Renata Di Nizo. – São Paulo : Ágora, 2007.

Bibliografia.
ISBN 978-85-7183-033-2

1. Comunicação interpessoal 2. Interação social 3. Relações humanas 4. Relações interpessoais
I. Título II. Título: Ferramentas para a comunicação interpessoal.

07-6666   CDD-158.2

Índice para catálogo sistemático:

1. Comunicação interpessoal : Psicologia aplicada   158.2

Compre em lugar de fotocopiar.
Cada real que você dá por um livro recompensa seus autores
e os convida a produzir mais sobre o tema;
incentiva seus editores a encomendar, traduzir e publicar
outras obras sobre o assunto;
e paga aos livreiros por estocar e levar até você livros
para a sua informação e o seu entretenimento.
Cada real que você dá pela fotocópia não autorizada de um livro
financia o crime
e ajuda a matar a produção intelectual de seu país.

Renata Di Nizo

O meu, o seu, o nosso querer

Ferramentas para a
comunicação interpessoal

O MEU, O SEU, O NOSSO QUERER
Ferramentas para a comunicação interpessoal
Copyright ©2007 by Renata Di Nizo
Direitos desta edição reservados por Summus Editorial

Diretora editorial: **Edith M. Elek**
Editora executiva: **Soraia Bini Cury**
Assistentes editoriais: **Bibiana Leme e Martha Lopes**
Ilustração da capa: **Andrés Sandoval**
Finalização da capa: **Daniel Rampazzo**
Projeto gráfico e diagramação: **Crayon Editorial**

Editora Ágora
Departamento editorial:
Rua Itapicuru, 613 – 7º andar
05006-000 – São Paulo – SP
Fone: (11) 3872-3322
Fax: (11) 3872-7476
http://www.editoraagora.com.br
e-mail: agora@editoraagora.com.br

Atendimento ao consumidor:
Summus Editorial
Fone: (11) 3865-9890

Vendas por atacado:
Fone: (11) 3873-8638
Fax: (11) 3873-7085
e-mail: vendas@summus.com.br
Impresso no Brasil

Dedico esta obra às cidades Paris,
Toulouse e Barcelona, que me adotaram
desde a minha juventude; às pessoas sem
fronteiras que me acolhem através dos
tempos; aos catalães, espanhóis, franceses,
russos, húngaros, iraquianos, iranianos,
italianos, alemães, japoneses, ingleses,
brasileiros, africanos, palestinos, israelitas;
aos homens, mulheres e crianças de todas
as nações. Que desenhemos entre nós
muitas estrelas no céu, inspirando
o diálogo e a paz...

Agradecimentos

À minha avó Julieta, por seu testemunho de fé e inocência.

À minha querida Edith, por transitar, sem tréguas, nas bordas do meu coração e das minhas palavras, sempre me incentivando.

Aos amigos, alunos e parceiros da **Casa da Comunicação**, que dão sentido e devolvem o significado de minha caminhada.

Sumário

Introdução 11

CAPÍTULO I
APRENDENDO AS DIFERENÇAS

As pegadas do caminho 22
A sabedoria dos qüiproquós 23
O não-dito 31
Julgar é só começar... 40
Eu sei o que sei, pronto e acabou! 49
Máscaras sociais 53
Conveniência & convivência 56
O diferencial 65
O espelho da humanidade 70

CAPÍTULO II
FALAR NA MEDIDA JUSTA!

Conversa de surdos 78
Conversa tagarela de mudos 81
Trocando em miúdos 83
Mas por que falar tanto? 85
Vale a pena falar? 92
Desorganizando a timidez e a tagarelice 101
Pensar antes de falar? 103

CAPÍTULO III
CONVERSAR FAZ DIFERENÇA

Dialogar é tudo! 110
A dinâmica da conversa 117
A escuta automática 121
O que o torna singular 126
O grande silêncio 129
Desenhe sua vida 131
A abolição do desafeto 134
A linguagem transformadora 136
Coração inteligente 143
Amar faz toda a diferença 147

Referências bibliográficas 155

Introdução

HÁ 32 ANOS LIDO permanentemente com mudanças. Do interior fui para a capital. Mudei de cidade, de país. Convivi com miscigenações de culturas. Ensinei e aprendi. Falei novos idiomas. Lições preciosas que me motivaram a pesquisar *como* intervir no estado de ânimo e a investigar os processos de aprendizagem. Qual a melhor maneira de içar bandeiras e remar a favor da diversidade humana? Minha vida tem sido marcada pelas experiências do ensino, do teatro e das constantes viagens.

Muito além do domínio lingüístico, sempre almejei aprender a aprender. Pensava nas crianças que via, formatando seus primeiros filtros fonológicos. Quando adulto, perde-se a plasticidade auditiva. É quase uma surdez patológica. Ouve-se através de um filtro. Interpreta-se um fonema imediatamente associado ao som mais próximo de nossa peneira auditiva. Constato, então, que a condição prévia do falar é o reaprender a escutar. Ouvir sempre foi mesmo a base da comunicação.

Eu era apenas mais uma estrangeira em Paris. Brigava com os hábitos – aqueles debates intermináveis em torno de uma mesa, a distância física, a lógica cartesiana. Desejava guaraná, goiabada com queijo, pastel de feira. Coisas que, comumente, haviam passado despercebidas no meu cotidiano na terra natal. Enquanto comparava os mundos, perdia a chance de penetrar a realidade. Somente quando cessou a batalha interna das interpretações, desenvolvi a capacidade de colocar-me no lugar dos demais. Assimilei a linguagem e, por meio dela, vi emergir novas ações.

Introdução

Acomodei-me em Paris, na esperança de aplacar a febre juvenil provocada pelo Teatro de Arena que, desde os anos 1970, redimensionara a dramaturgia em mim. Fui atrás do gênio Augusto Boal, na Sorbonne. Vasculhei cada verão. Festivais em Avignon, Coimbra e Barcelona. Dediquei-me à árdua e gratificante tarefa de ser ouvinte livre das universidades européias. As Jornadas Pedagógicas no eixo Paris-Barcelona me inundaram de idéias. Precisava retomar as máscaras da *Commedia dell'Arte*, mergulhar no imaginário do teatro de sombras. Vivenciar o imaginário coletivo. Ouvia e contava histórias.

Uma aventura especial começou no Instituto do Teatro, em Barcelona. Lá aprendi a modelar bonecos. Lembro-me, nitidamente, do cenário da estação de Londres, que construímos em fibra de vidro, e das mãos de madeira – cada mãozinha que eu limava antes do amanhecer. Os festivais internacionais de bonecos nos deixavam em polvorosa – sobretudo no ano da nossa formatura.

O encerramento épico no Teatro Grego aconteceu em plena noite estrelada: eu fui responsável por hastear a bandeira triunfal do inesquecível personagem Phileas Fogg durante sua chegada à estação de Londres, ao concluir a volta ao mundo em oitenta dias. Atrás da tela, não pude ver nada além daqueles olhares incrédulos dos 89 bonecos e seus "bonequeiros". Claro, para minha infelicidade, a bandeira estava de ponta cabeça. Quase viro uma inconfidente mineira nas garras dos catalães. O efeito do teatro é absolutamente irreversível.

Foram invernos intermináveis em Barceloneta com o mestre da fonoaudiologia, Sergio Riera, aprendendo a me expressar através das nuanças da voz. No mesmo período, dividi estas gratas experiências com os educadores. Formávamos o grupo de pesquisa do Instituto de Ciências da Educação da Universidade Central de Barcelona. Acompanhei-os na construção de novas e revolucionárias metodologias de ensino. Interessava-me o aprimoramento da atenção, do processo criativo, do lúdico e da arte na aprendizagem.

Lembro-me das oficinas de criatividade – em particular, de uma experiência no ateliê de expressão. O objetivo era juntar palavras aleatoriamente, construindo frases. Criei de imediato um poema, mas a coordenadora achou que o poema havia sido copiado de um texto já existente. Levei um grande sermão, injusto.

Ainda me lembro da vergonha exposta e do meu recolhimento súbito ante o desrespeito ao meu primeiro poema público. Talvez por isso inspire até hoje indivíduos desejosos de, por meio da escrita, confiar em sua aptidão criativa. Também acompanho profissionais no desafio de falar em público, quando eu mesma tive de reaprender a falar tantas vezes.

Uma década mais tarde, já de volta ao Brasil, só me faltava participar de uma trupe de circo. Conservo até hoje minha carteira de trabalho que registra a experiência no Metrópole Arte Circo. Palhaça. Estourávamos pipoca, cuidávamos da bilheteria, da produção dos shows... Ufa! Ainda assim, o picadeiro coberto de serragem acolhia tantas esperanças, tanto aprendizado.

Em outro momento vieram os policiais que eu tanto temi durante as passeatas dos anos 1970. A diferença é que agora estavam diante de mim, feito meninos, reaprendendo a ouvir e falando de dor. Em entrevista para o *Jornal da Tarde*, a jornalista Marines Campos perguntou-me:

— Por que esse trabalho com os policiais?

— Eu queria encontrar o homem por detrás da farda — respondi.

— E o que você encontrou?
— O meu próprio preconceito!

CASA DA COMUNICAÇÃO

A **Casa da Comunicação** nasceu em São Paulo, no tradicional bairro do Bexiga. O foco de nossas atividades gira em torno da criatividade e da comunicação (consigo mesmo e com os demais). Motivamos, incessantemente, pessoas e equipes que buscam êxito no gerenciamento da própria vida. O objetivo é investigar e aprimorar o diferencial expressivo, tornando os atos da fala e da escrita intervenções autênticas e transformadoras.

Os tempos modernos exigem um homem interrogador, apto a viver em constantes mudanças. É preciso saber lidar com incertezas, refletir sobre os valores e conhecimentos básicos. Questionar, sobretudo, nossa iconização cultural. Somos bombardeados por imagens padronizadas em detrimento da palavra escrita. Disso resulta a restrição das pessoas ao imaginário e ao contato da razão. É uma das principais causas da redução da capacidade de lidar com a palavra e, por conseguinte, de conversar.

Expressar-se com clareza é uma das maiores dificuldades de muitos brasileiros. Entre tantos veículos que abordaram o tema, a revista *Veja*, por exemplo, constatou que a dificuldade da expressão tornou-se um entrave à ascensão na carreira. Além disso, nunca houve tanta necessidade de exposição em reuniões e apresentações (Lima, 2001).

Nossa proposta envolve a compreensão da relação profunda entre linguagem e criatividade. Porque esse entendimento deve preceder até a preocupação com a ordenação das idéias – fator preponderante em cursos dedicados às regras gramaticais e às técnicas de oratória. Estes especialistas da técnica podem contribuir e muito – o problema é o risco de "engessamento" completo da criatividade inerente a cada pessoa. Para nós da **Casa**, o importante é compreender os demais aspectos que configuram o jeito de cada um apreender e perceber a realidade imediata até confiar na própria aptidão criativa. Assim como é fundamental desbloquear o medo e a rigidez mental inibidores do fazer prazeroso. A experiência se constrói em grupo por meio de atividades lúdicas que extraem de cada um o que há de mais original. Sem expor ninguém, aprende-se naturalmente.

Também é verdade que a invenção do e-mail incrementou e popularizou a comunicação por escrito. Mas como escrever bem um e-mail, um relatório? Como melhorar a linguagem sem leitura?

O hábito da leitura promove a interiorização das regras gramaticais e facilita a organização das idéias. E quem não é aficionado à leitura? Pior, e se for conhecedor da norma culta e precisar comunicar-se com pessoas analfabetas? E quem não gosta de falar, de que forma conseguirá interagir com clientes, familiares, amigos, desconhecidos, chefes, cada um com seu modo de ver, de sentir e de pensar? De que maneira lidar com a discórdia, com a divergência? A leitura e a palavra estão definitivamente interligadas. Restringindo uma, estaremos amputando a outra.

A supressão da palavra (em especial da palavra escrita) equivale ao estreitamento do pensamento e da percepção de mundo. O resultado disso é a falta de compreensão e a ausência de diálogo, tanto no ambiente familiar quanto no organizacional. Essas aparentes "cegueira" e "mudez" alteram não apenas o desempenho profissional e social, como também a capacidade de ser feliz.

Introdução

Um dos nossos objetivos é tornar o indivíduo poliglota dentro da própria língua (como definiu o professor Pasquale Cipro Neto, trata-se de "saber utilizar o registro adequado em qualquer situação"). O cerne preliminar da desenvoltura e da adequação assertiva é promover a fluidez e a naturalidade da conversação e da escrita. De forma descontraída e bem-humorada, é possível reconhecer e entender nossa diversidade e singularidade.

Por esse motivo, voltei a navegar nos estudos da lingüística que tanto me fascinara quando me dediquei a pesquisar metodologias criativas e audiovisuais, enquanto vivia na Europa. Dessa vez, o foco voltava-se para o processo humano. A linguagem representa o modo pessoal de interpretar, atuar e alterar o rumo dos acontecimentos. É também a maneira pela qual se estabelece a relação com os demais. Por isso, a **Casa da Comunicação** surgiu com o projeto natural da construção de referências comuns e para, juntos, pesquisarmos a importância da conversa que desenha nossa vida.

Reaprender a conversar, como diria o biólogo chileno Humberto Maturana, significa "aprender de novo a utilizar nossos espaços de criação e de reorganização de nossas emoções". É tornar-se um indivíduo melhor, sem se deixar alienar. O homem traz dentro de si não só sua individualidade, mas o compromisso de desenvolver a participação social, pois compartilhamos um destino comum. Nossa equipe, colaboradores e parceiros comungam da mesma profissão de fé: ser você mesmo de um modo diferente; repensar a vida, dividindo com os outros nosso maior capital – o espírito criador.

Este livro traz questões freqüentes enfrentadas nas mais variadas situações de comunicação do dia-a-dia. Procura inspirar, sobretudo, a habilidade de dialogar com as pessoas. De estar focado no mundo, percebendo o que acontece à sua volta, tornando-se responsável pela administração de seus relacionamentos. O intuito é motivar o diálogo como ferramenta de uma ética de convivência social.

Optei por omitir o nome das pessoas em seus depoimentos em respeito à natureza do próprio trabalho. A maioria dos temas é complementada com experiência e dicas práticas. São exemplos simples do cotidiano. O intuito é ensejar uma reflexão sobre o poder da comunicação e de sua capacidade transformadora, sempre respeitando as diferenças. No mínimo, um brinde à sua aptidão emocional.

TREINAMENTOS
Quem nasceu primeiro: o ovo ou a galinha?

Mais cedo ou mais tarde teremos de defrontar com as evidências: nossas emoções afetam o desempenho e a capacidade de tomar decisões. Enquanto estivermos à mercê de reconhecimento externo ou julgarmos os demais responsáveis pelo que nos acontece, dificilmente desenvolveremos uma percepção honesta de nossos pontos fortes e daqueles aspectos que precisamos melhorar.

A autopercepção compreende competências como a percepção emocional, a auto-avaliação precisa e a autoconfiança. É o domínio destas competências que nos permite tanto saber o que estamos sentindo (as razões) quanto desfrutar de nossa intuição e sabedoria.

Em meu livro *A educação do querer* (Di Nizo, 2007) alerto para o compromisso intransferível de fazermos a nossa parte no que diz respeito ao gerenciamento dos próprios recursos. Isso porque, nos ambientes profissional e familiar, vivemos as conseqüências do que fazemos a nós mesmos.

Interessa-nos agora compreender como incentivar a comunicação com as pessoas do nosso convívio. Isso implica

Introdução

ouvir bem, captar dicas emocionais para adequar-se, buscar a compreensão mútua e se dispor ao auto-aprendizado com a disposição de compartilhar. Como afirma o psicólogo Daniel Goleman, "ao estabelecer uma comunicação aberta com alguém, abre-se a possibilidade de obter o melhor das pessoas, sua energia, sua criatividade" (Goleman, 1999, p. 190).

Pense no ambiente profissional. Uma das queixas mais freqüentes dos trabalhadores norte-americanos, segundo Goleman, é a "pouca comunicação com a gerência". Nossa realidade não é muito diferente.

A **Casa da Comunicação**, há uns três anos, contratou a CPPM (Companhia Paulista de Pesquisa de Mercado) a fim de realizar uma pesquisa com o objetivo de conhecer os sentimentos predominantes de gerentes e supervisores. Realizada durante o primeiro semestre de 2004, teve seu público-alvo definido como funcionários de grandes e médias empresas do estado de São Paulo. O objetivo inicial era simplesmente catalogar o conjunto da visão desses líderes e executivos, promovendo uma avaliação capaz de inspirar a formatação de produtos e serviços que estivessem em consonância com as necessidades e expectativas das empresas. O método qualitativo de pesquisa foi aplicado por meio de entrevistas personalizadas, as quais geraram resultados que validaram os produtos já existentes na **Casa**. Grata surpresa a desafiar nossos prognósticos.

A pesquisadora e socióloga responsável pelo desenvolvimento do trabalho, Regina Junqueira, ressalta que "os resultados obtidos devem ser interpretados como frutos de um ensaio que enseja reflexões profundas". A primeira dessas reflexões é a constatação de que as pessoas satisfeitas no trabalho são capazes de fazer uma auto-avaliação precisa e desfrutam de boa comunicação com seus superiores (não se queixam de falta de reconhecimento por parte deles). Já a insatisfação de outros entrevistados denotava justamente dificuldades de relacionamento que afetam diretamente o humor e a motivação no trabalho. Nesse caso, eles se ressentem tanto de reconhecimento como da ausência de comunicação com seus superiores.

OBS.: O trabalho aqui é muito desgastante, muito cansativo, a cobrança é grande e o volume de trabalho também. Mas falta o reconhecimento daquele trabalho que você já fez. Hoje até fico meio deprimido, porque praticamente já sei tudo. Penso: para onde vou? Já fiz tudo aqui. Acho que é mais falta de motivação, de estímulo. No começo, eu dava muito de mim e hoje já penso mais antes de fazer isso. Conheço melhor meus limites... Às vezes, isto me tira a vontade de vir, me tira o bom humor... Quando sinto que estou no meu limite, me abro com as pessoas, peço a Deus que me dê paciência...

Quem nasceu primeiro: o ovo ou a galinha? A condição essencial para o diálogo é o relacionamento saudável. Quando as pessoas estão satisfeitas, existe espaço para a auto-expressão e a autopercepção muito mais aguçadas. É possível conversar com a segurança de quem sabe se expressar. O contrário também é verdade: a insatisfação está, normalmente, associada à falta de comunicação e às dificuldades nos relacionamentos, que podem funcionar como sabotadores da convivência e do intercâmbio de informação e conhecimento.

OBS.: Eu penso que a carreira da gente só vai para cima de duas formas. Uma é se você tiver um chefe competente e coerente, que reconheça seu trabalho; ele vai puxá-lo se estiver numa posição em que possa fazer isso. Outra, é você se submeter a qualquer coisa

Introdução

para conseguir subir. Como não vou conseguir fazer essa última e como, infelizmente, não tenho um chefe assim, não vou chegar aonde eu imaginava.

Não importa qual seja sua trajetória profissional: você almeja ser feliz. Tanto que qualidade de vida e bem-estar não podem mais ser vistos como sinônimos de modismo. Vive-se a overdose do trabalho e, segundo atesta o sociólogo italiano Domenico De Masi, "muitos gerentes passam grande parte de suas vidas ativas dedicadas ao escritório. Estão carentes de tempo para o lazer, para o convívio e para o crescimento pessoal". As pessoas estão carentes da simplicidade e da objetividade da comunicação. Carentes de reconhecer os elos existentes entre o que pensam, sentem, fazem e dizem. Carentes de diálogo.

Por essa razão, a base dos nossos treinamentos é o comprometimento de cada pessoa em melhorar a qualidade das relações e da comunicação (consigo mesmo e com os outros), adotando uma atitude despojada de colaboração criativa. Isso representa ensinar e aprender continuamente – propondo um novo desenho de mundo com relacionamentos construtivos, com espaço, tanto para a auto-expressão quanto para a diversidade.

Somente a criatividade pode nos ancorar na luta contra o desânimo, a insatisfação, as relações enfermas, os ruídos de comunicação. Felizmente, como nos lembra Domenico De Masi, "o homem tem o impulso para criar, para produzir, para realizar, e, acima de tudo, para realizar a si próprio, encontrando um sentido e um objetivo para a sua própria vida, desenvolvendo as suas possibilidades latentes" (De Masi, 2003, p. 463).

Aprendendo as diferenças

Capítulo I

As pegadas do caminho

"UM NEGÓCIO SÓ É BOM quando as duas partes estão satisfeitas" – dizia meu pai, já muito tempo atrás. Sem saber, ele compartilhava o conceito do ganha-ganha que hoje se aprende em técnicas de negociação. É fundamental negociar prazos, prioridades, urgências, interesses. Enfim, aprender a respeitar os quereres. Conviver é produzir junto, é também confrontar e deparar com situações inesperadas, desestabilizadoras e diversificadas. O trabalho mais árduo – e também mais gratificante – é interrogar-se sobre os rumores e as disfunções relacionais secretas.

Conforme afirmou o psicólogo social Jacques Salomé em artigo para o jornal eletrônico francês *Management*, os treinamentos das empresas deveriam propor um questionamento mais profundo sobre as patologias relacionais (as trocas entre as pessoas), freqüentemente deixadas em segundo plano. Para ele, o problema é "enfatizar o Fazer e não o Ser que implica uma dimensão tanto intrapessoal quanto interpessoal". O intrapessoal diz respeito à relação consigo mesmo. Essa dimensão, segundo Salomé, "costuma ser menosprezada ou censurada no mundo do trabalho". Ao negar-se a escutar e a reconhecer suas necessidades, as pessoas se sentem negligenciadas. Por outro lado, o interpessoal compreende "a capacidade de pedir, negar, receber e dar", como conclui o autor. Sobre que bases são realizadas as solicitações? Com exigências, relações de força ou proposições abertas? E o dar? Com troca ou chantagem? E a negação? Com argumentação, aversão ou omissão? Você escolhe um reduto de pessoas a quem vai ser solícito ou colabora incondicionalmente com todo o time? Sobre qual base se vive o receber? Com desvalorização ou reconhecimento? Você sabe agradecer e reconhecer a colaboração dos outros? A resposta a cada uma dessas perguntas traduz a qualidade da comunicação. Por todos esses motivos, é primordial administrar as resistências e intervir na sensibilização da aprendizagem da comunicação relacional. Ajustar o foco das pessoas. Oferecer bases comuns de convivência. Aprender a somar com as diferenças.

Caso consultássemos os lamas tibetanos, certamente ouviríamos que o antídoto para combater os entraves de comunicação (sentimentos indesejáveis e divergências resultantes) está sedimentado em conceitos bem óbvios: amor e compaixão. Nossa sociedade, na contramão da sabedoria milenar, raríssimas vezes dedica atenção à contemplação. Para nós, da **Casa da Comunicação**, confrontar o desamor é um ato de coragem. Aceitar e aprender com nossos deslizes. Transformar os desajustes em degraus de evolução. Aprender com os conflitos. Assumir nosso quinhão de responsabilidade em administrá-los. Toda vez que nos expressamos, deixamos marcas no caminho. Cabe a cada um e a todos nós, traçar o mapeamento da nossa história.

A sabedoria dos qüiproquós

UMA CONVERSA PRESSUPÕE um estado anímico para determinada ação. Assim, a fala e a escuta denotam um estado de ânimo preciso: se positivo, abre possibilidades múltiplas; se negativo, reduz a visão do mundo. De igual relevância é a escolha das palavras que podem mudar o rumo das coisas. As pessoas envolvidas numa conversa, sem sombra de dúvida, são responsáveis pela qualidade da comunicação estabelecida.

EXPERIÊNCIA PRÁTICA

Uma aluna da **Casa da Comunicação** demonstra que é preciso ter em conta não apenas o seu estado de ânimo, como também o da outra pessoa. "Realmente, eu respirei fundo e percebi diante do meu desânimo que era hora de falar com meu chefe. Passei o final de semana ruminando a melhor forma de dizer o que eu estava sentindo. Escolhi até as palavras. Tudo pronto! Quando comecei meu discurso, percebi que ele estava furioso com alguma coisa que acabava de acontecer antes de eu entrar na sua sala. Mas eu insisti em terminar de falar. Resultado: ele não estava nos seus melhores dias. Eis o que eu tiro de lição: a importância de reconhecer/respeitar o *timing* certo dos outros."

Imagine uma situação difícil por causa de um desentendimento. São ditas palavras duras, as pessoas envolvidas se chateiam e, por fim, o relacionamento fica por um fio. Como alterar os fatos? Muitas vezes, isso tem de passar pela coragem de desvendar pequenos ressentimentos que nos impedem de enxergar objetivamente a realidade.

Significa admitir o que há de ferido em mim, que meus desejos não foram atendidos, que minhas expectativas são a causa da minha contrariedade ou que não fui claro ao me expressar. Segundo Jacques Salomé, "poucos de nós conhecem realmente suas zonas de intolerância, quer dizer, a parte de nós sempre em carne viva, sempre frágil, feita de feridas nunca cicatrizadas, reabertas à menor provocação" (Salomé e Galland, 1999, p. 129).

Assumir as emoções e aprender a compartilhá-las de maneira adequada é condição para uma relação madura e responsável. Representa reconhecer as mágoas e as conclusões precipitadas. Dar também ao outro a chance de desabafar. Deixá-lo expressar-se livremente, sem reagir aos ataques ou maquinar para rebatê-los. Apenas escutá-lo, em silêncio, identificando as necessidades que estão por trás dos sentimentos.

EXPERIÊNCIA PRÁTICA

Um participante do treinamento de Comunicação Interpessoal dividiu conosco sua vivência. "Eu achava uma 'pentelhação' chegar em casa cansado e ficar ouvindo as lamúrias da minha esposa. Todo dia era a mesma ladainha. Eu ia para o quintal e ficava fazendo qualquer coisa até ela parar de reclamar. Outro dia eu decidi ouvir o que ela tinha a me dizer. Ela foi acalmando-se, só porque eu lhe prestei atenção. Percebi que sua fúria maior era porque se sentia desprezada por mim. Quando ela terminou de desabafar, eu também disse tudo que sentia. Foi diferente dessa vez... Também fiquei pensando no que vivenciamos no treinamento: o foco não está no que a pessoa faz ou deixa de fazer, mas no que eu sinto a respeito. Acho que a grande diferença é não acusar e sim expressar o que a gente sente e permitir que a outra pessoa também se coloque."

A maior parte do tempo se convive com fantasmas obscuros que dormitam na inconsciência. Para torná-los *fantasminhas camaradas* é necessário fazer as pazes com eles. Muitas vezes somos prisioneiros e nos movemos em função do que desconhecemos sobre nós mesmos. Acabamos, inconscientemente, projetando nossa identidade nos papéis de filhos, pais, maridos, chefes. Mas quem, de fato, somos nós além da nossa história e dos papéis que representamos?

Vamos supor que vivencie repetidas traições e que, no fundo, sinta que não merece ser feliz. É provável que concentre seus esforços em anular essas pressões externas, mas acabará atraindo relacionamentos duvidosos, confirmando essas crenças. De fato, você tem certeza de que está vivendo a mesma situação. Deseja se defender e faz de tudo para evitar a dor, mas, de tanto temê-la, acaba se retesando, aumentando-a ainda mais. Submeterá qualquer pessoa que cruzar à sua frente a esses filtros interpretativos. O grande desafio é livrar-se dessa impressão permanente de que o que acontece hoje seja uma reprodução perfeitamente calculada do passado. É morrer para o velho, permitindo emergir o novo. Libertar-se das expectativas atribuídas e das amarras do passado que nos prendem a missões impostas ou assumidas.

Os julgamentos desembocam numa via única: desentendimentos. O mais difícil é não rotular, generalizar e enfatizar a discórdia. Isso exige, sobretudo, deixar de lado opiniões acerca de quem tem ou não a razão. Às vezes, é preciso exercer o direito de manifestar o desacordo e defender nosso território, mas essa tarefa só faz sentido quando imbuída de respeito mútuo. O cuidado maior está em "como" fazer as colocações e não em despejar sobre o outro o acúmulo de nossas insatisfações.

EXPERIÊNCIA PRÁTICA

Uma mulher, logo no início das atividades teve a coragem de dizer coisas difíceis que a estavam incomodando no relacionamento com seus pares. Em alguns momentos-chave, ela também interferia com uma objetividade espantosa, mas com um grau desmedido de irritação. Em certo momento, eu repeti o comentário dela, mas sem nenhum resquício de agressividade. Mais tarde, ela mesma sintetizou: "Parece que eu julgo e ataco as pessoas, como se eu tivesse de me defender o tempo todo. Claro que acabo perdendo a razão, porque as pessoas fazem uma leitura não acerca do que eu digo, mas respondem à minha agressividade. Pior é que eu acabo ficando muito mal porque tenho a impressão de ser injusta muitas vezes". A comunicação não-verbal – o jeito de usar as palavras e a expressão facial – é responsável em grande parte pela percepção que temos das pessoas que conversam conosco.

Contudo, é imprescindível reconhecer a fúria e respeitá-la. Expressá-la de forma sadia requer, entre outras coisas, uma postura isenta de acusações e clareza na expressão de interesses e necessidades. O problema está na panacéia forjada pelo diálogo imaginário, pelo hábito de remorder-se e de encontrar um culpado por nossas emoções. Nas palavras do escritor Marshall B. Rosenberg, "o que os outros fazem pode ser o estímulo para nossos sentimentos, mas não a causa" (Rosenberg, 2006, p. 79). Para ele, a escravidão emocional compreende duas etapas: a primeira quando julgamos ser responsáveis pelos sentimentos dos demais; a segunda, quando sentimos raiva porque já não mais aceitamos esse jogo. Na libertação emocional – conclui o autor – "aceitamos total responsabilidade por nossas próprias intenções e ações, mas não pelos sentimentos dos outros", e ao mesmo tempo, temos consciência "de que nunca poderemos atender as nossas próprias necessidades à custa dos outros" (Ibidem, p. 94).

Explodir a ira só aumenta o abismo entre as pessoas. A grande virada é liberar-se de situações injustas e da sensação de humilhação, aprendendo a revelar de maneira saudável as demandas e reivindicações legítimas. Para tanto, é necessário distinguir a expressão dos verdadeiros sentimentos das afirmações, julgamentos e interpretações.

É bom lembrar que ninguém tem o direito de impor a violência de sua psique aos demais. Tendemos a encontrar um "bode expiatório" para arcar com nossos fracassos, com a própria sensação devastadora de dependência. Por isso, é essencial compreender as conseqüências da cólera; dar tempo para superá-la, confrontando a si mesmo; conversar com ela; aprender a aguardar, mas nunca confundindo tolerância com repressão. Reprimir-se promove uma falsa concordância.

Como comentou o psicoterapeuta Jamis Hollis:

> Toda socialização representa uma constrição dos impulsos naturais, e, portanto, deve-se esperar uma crescente acumulação de raiva. Mas, para onde vai esta energia associada a esses impulsos naturais? Freqüentemente ela alimenta nossas ambições cegas e nos conduz a narcóticos para amortecer a sua intensidade, ou faz com que maltratemos a nós mesmos e aos outros. [...] O encontro com a raiva é, sem dúvida, problemático, mas alcançar a liberdade de sentir a própria realidade é um passo necessário para sentir a própria realidade. [...] O indivíduo simplesmente se recusa a viver de forma não autêntica. (Hollis, 1995, p. 60)

Se não assumir o que sente, nunca poderá livrar-se dos mecanismos que minam a vontade de viver.

Dica

Em qualquer situação de conflito, um bom exercício é levar a atenção para o movimento da respiração e perceber as sensações que inundam o corpo. Inspirar e expirar acabam acalmando e trazendo clareza. Enquanto a mente está voltada para a percepção do fluxo respiratório, você evita que o diálogo interno se intensifique, mas se mantém, ao mesmo tempo, atento ao que está sentindo. Aliás, de nada valerá negar as emoções, nem assumir um pretenso personagem zen. Abafar ou reprimir as emoções funciona como bomba-relógio prestes a explodir a qualquer momento, fator determinante do desânimo e do agravamento das patologias relacionais.

Se não for capaz de ouvir as emoções, compreendê-las e expressá-las, tampouco exercerá poder sobre sua vida. Ainda que muitas empresas assumam a responsabilidade de desenvolver a competência da comunicação interpessoal e da administração de conflitos, muitas vezes cabe ao indivíduo buscar, pela própria conta e risco, apoio externo. Às vezes, as suposições que alicerçavam a vida desmoronam. Precisamos reconhecer que antigas atitudes e estratégias adquiridas pela personalidade, já não são eficazes. Um facilitador, como um analista ou um psicólogo, pode contribuir em um novo ajustamento psicológico que possibilite desenrolar o enredo emocional. O desafio é encontrar dentro de si as causas das projeções, das expectativas e necessidades irrealistas da nossa criança interna – que nunca serão satisfeitas. Construir, por meio do diálogo e da escuta atenta de si mesmo, uma ponte entre o que somos e o que aparentamos ser, curando o distanciamento de nós mesmos.

Práticas de relaxamento e de meditação também conduzem a uma vida mais significativa. Isso nada tem que ver com anestesiar-se. Afinal, o propósito não é ficar meditando como um "repolho" debaixo de uma árvore, nem desfiar um glossário filosófico ou conceitual. Segundo o lama tibetano Trungpa Rimpoche, "a meditação não é para desenvolver estados que se assemelhem ao transe; mais propriamente, é para aguçar percepções com o intuito de ver as coisas como elas são" (Joel e Levy, 2001, p. 123). A maior aventura é responsabilizar-se por construir a vida que você quer ter, resgatar sua dignidade e, por conseguinte, reconhecer a dignidade dos demais. No entanto, a condição básica para restaurar a integridade é evitar o acúmulo de sentimentos de injustiça e de frustração. Você pode optar pelo que quer experimentar ou não.

Diante de cada problema, podemos considerá-lo um empecilho ou apenas mais um obstáculo ao qual escolhemos, livremente, como responder. É possível, inclusive, declarar o enterro de velhos papéis que já não nos servem mais, despedindo-nos de acontecimentos do passado. Isso equivaleria a, por meio da aprendizagem emocional, resgatar a força interior e os valores essenciais. É tornar-se seu melhor companheiro, dizendo a verdade a si mesmo. Em vez de usar uma linguagem que desvaloriza e minimiza as emoções, é dar tempo ao tempo para melhor entendê-las.

É praticar a paciência, evitando palavras hostis, atitudes e resmungos punitivos. Tal como diria o lama Tarthang Tulku, é "concentrar-se no sentimento, não nos pensamentos a respeito dele" (Tulku, 1978, p. 63).

Mas em qualquer desentendimento a grande aprendizagem é abrir mão dos julgamentos, evitar conclusões precipitadas e acusações inúteis, pretendendo mudar o outro. Nós só podemos interferir no nosso comportamento, e é isso que promove mudanças significativas no entorno. É um desejo consciente de criar uma vida diferenciada, compreendendo que as pessoas não são responsáveis pelo que se permite viver. Portanto, é fundamental libertar-se da famosa síndrome da reclamação e das recordações incessantes que inflamam a ira.

Lembre-se, também, de que qualquer conflito, antes de apresentar-se declaradamente, é antecedido de um conflito intrapessoal. Existem condições internas e emocionais propícias em cada pessoa envolvida. O conflito sempre acontece no plano dos sentimentos. Sentar com eles e enfrentá-los é a melhor maneira de aprender. Outra atitude saudável é procurar em nosso comportamento as causas das desavenças.

Diante da constatação da insatisfação, ganhamos novas idéias e descobrimos coisas inusitadas. Pode ocorrer uma genuína renovação. É necessário, porém, coragem para descobrir, por meio do sofrimento autêntico, o significado do conflito, indo ao encontro das próprias criações e não fugir delas. Identificar e sentir emoções – concentrar-se na energia e não nos pensamentos ou no seu objeto. Reconhecer que ninguém preencherá seu vazio interior. Expressar necessidades (sem acusações e sem pretender ser o "dono da verdade"). Saber ouvir com atenção e respeito ao próximo. Modular o acolhimento de si e do outro. Manter-se firme e, ao mesmo tempo, ser capaz de fazer concessões, exige um comprometimento ponderado, refletido. Para propor o diálogo é preciso muito mais que razão e músculos. Somente um grande coração pode acolher e compreender os demais.

> **Dica**
>
> O resultado da ginástica emocional não é mensurável, mas qualifica todas as suas ações. Você precisa sentir intimidade com as próprias emoções. Implica conhecer-se e, com o mesmo empenho, de forma voluntária, aceitar o processo de individuação do outro. Colocar-se em seu lugar e identificar o que ele está sentindo – sem julgar. Observar o que está por trás das palavras. Ouvir as queixas não expressas e os sutis sentimentos. Decifrar o que o corpo fala. Aceitar a experiência de estar vivo, de dar e receber afeto.

O não-dito

IMAGINE, NO AUGE da juventude, uma mulher receber, inesperadamente, de presente, um filho. Um bebê lindo, de feições rosadas, que enche seu coração de alegria. Ele fará o que desejar. Um belo dia, a jovem mãe acorda e ele cresceu mais do que pensava, e cresceu sem o senso de limite. Como agir?

EXPERIÊNCIA PRÁTICA

Vejamos o comentário de uma aluna: "Eu tive meu filho aos 20 anos. Como optei por ser mãe solteira, até os quatro anos, durante o dia, ele permanecia com meus avós porque eu trabalhava tempo integral. Quando o coloquei na escola, meio período, fui chamada diversas vezes porque ninguém o controlava. Ele se pendurava na cortina, enchia a pia de papel higiênico, enfim, precisei de orientação psicológica para lidar com a situação. Percebi que, justo eu – que pagava para não brigar – tinha de aprender a organizar seu cotidiano com regras que ajustassem os ritmos internos. Comecei a dizer 'não' e ele só queria ouvir 'sim'. Minhas reações eram desmedidas e ele continuava testando, desejando o modelo anterior. Embora eu e a escola começássemos a trabalhar juntos, meus avós continuavam cobrindo-o de mimos e permitindo que ele fizesse só o que queria. Aí eu descobri que todas as pessoas que o cercavam precisavam de coerência. Tínhamos de ser um time. Hoje, ele vai ver os bisavós só de vez em quando. Mas, no dia-a-dia, meu problema continua sendo colocar limites claros porque se eu folgar, ele impõe sua tirania do querer e não respeita nada, nem ninguém". Um dos grandes desafios dos pais é ensinar aos filhos, aos poucos, que uma vida significativa – que vale a pena ser vivida – compreende, sobretudo, agir imbuído de preceitos éticos. O problema está em colocar demasiadas regras ou ignorá-las por completo sem entender que nossas ações só fazem sentido quando ancoradas em valores e princípios.

O foco de muitas empresas está nas normas, no senso de obrigatoriedade que costuma ser imposto hierarquicamente. De fato, o mais importante acaba ficando à margem: essas regras são derivadas de princípios que deveriam nortear a convivência de maneira voluntária. Por essa razão, muito mais produtivo do que as sofisticadas políticas de normas é o trabalho permanente de revitalização dos valores.

EXPERIÊNCIA PRÁTICA

Uma consultora da **Casa da Comunicação** complementa: "Um bom exemplo você encontra no chão de fábrica. Quando acaba um turno, o funcionário deve deixar a máquina limpa e em perfeito estado para quem vem trabalhar depois dele. É uma discussão interminável. O mais razoável é solidificar valores como companheirismo, princípios como solidariedade, a fim de que todos compreendam a importância do respeito mútuo. O problema da qualidade do produto final começa no chão de fábrica. As premiações ajudam, as normas apóiam, mas o que faz a diferença é inspirar continuamente o espírito de equipe e de colaboração."

A única forma de ajustar os relacionamentos é ter como base uma perspectiva ética. O ato de dizer *não* ou *sim* necessita ser motivado por uma integridade intocável. Acontece também de a realidade externa se chocar com o nosso sistema de crenças. Temos de encontrar um acordo entre nós mesmos e a sociedade. Sermos fiéis à vida que queremos ter, sem reprimir a própria natureza em prol de valores coletivos.

EXPERIÊNCIA PRÁTICA

Uma experiência de treinamento da **Casa da Comunicação** elucida a importância de se posicionar. "Estávamos realizando um relaxamento quando alguém interrompeu com uma equipe de repórteres. Eu não pensei duas vezes e fui logo me posicionando da maneira mais clara possível: 'Diga ao seu superior que agora eu estou na liderança e que a reportagem vai acontecer somente no final do trabalho'. Parecia quase impensável não acatar uma ordem, mas eu sabia que me fazer respeitar representava ser coerente com minhas convicções, e, sobretudo, a questão naquele momento era respeitar a vivência." A confrontação não é uma afronta, mas é o direito a se posicionar e a se definir. Algumas vezes implica correr o risco de contrariar e renunciar a aprovação alheia, mantendo-se fiel a si mesmo.

Tardamos, às vezes, em entender que aqueles que desafiam nossos limites são nossos verdadeiros mestres. De fato, na jornada da construção do auto-respeito, o que se reclama é a própria identidade. O que se busca é governar-se a si mesmo. Mas, a isenção de culpa ou de irritação crônica exige que tenhamos atravessado, de maneira saudável, a transição da autoridade externa para a interna. A crise normal do adolescente que procura contrariar os pais pode se estender na vida adulta. No fundo, por detrás das projeções, o indivíduo acaba escolhendo alguém o mais semelhante ou diferente possível dos pais, enquanto experimenta no outro tudo aquilo que não reconhece conscientemente em si mesmo.

Só poderemos resgatar partes negligenciadas da personalidade se formos capazes de desfazer os nós da garganta e limpar as velharias do baú. Vivemos uma cisão interna como se estivéssemos separados de nós mesmos: por um lado o que somos e, por outro, o que acreditamos que devemos ser. O desafio é viver a própria vida de maneira mais consciente. O problema está em pretender – em vão – satisfazer nossas necessidades com o mundo externo, criando laços de dependência. O vazio interior não pode ser preenchido por ninguém. O crescimento pessoal implica gerenciar a vida com autonomia e encontrar, por meio do diálogo (consigo e com os demais), sentido na própria existência.

"Não tenho coragem de ser sincero: ela não suportaria!"
"Ele está muito doente e agora precisa de mim!"

A mãe se desespera com o filho, mas acha que se disser alguma coisa ele vai se afastar ainda mais. O filho se distancia porque não encontra ambiente de diálogo. O marido ouve calado. Nas palavras de Jacques Salomé: "O não-dito cimenta a vida das famílias; o silêncio solda uns aos outros" (Salomé e Galland, 1999, p. 63). Assim, em torno de fixações obsessivas, emudecidos, procuramos satisfazer nossas carências.

Pense nas pessoas que, ao longo da vida, surpreenderam-no pelo mesmo motivo: não dizem o que sentem porque consideram que é melhor calar, ocultar, empilhar os desconfortos. As justificativas são similares, mas todas compartilham uma dificuldade básica em posicionar-se, sentindo-se "incapazes" de discordar ou de expor as idéias. Quando o fazem costuma ser de forma lastimável porque destilam uma montanha de pequenas e grandes insatisfações. O resultado é a implosão ou explosão de uma raiva latente sem causa aparente.

EXPERIÊNCIA PRÁTICA

Durante um treinamento dentro de uma empresa encontramos um cenário de pura desarticulação e desmotivação, gerados por diversos problemas internos. O maior deles, segundo as equipes, era o desconforto devido aos "abusos de poder" do, então, diretor. Um dos integrantes, logo no primeiro dia, se queixou: "O problema é a centralização, disputa de poder, falta de autonomia e de incentivo." Eu perguntei ao grupo: "Vocês já falaram abertamente com seus líderes?" A resposta foi unânime: "Não vale a pena. Isso não vai mudar nunca." Em muitas outras empresas a situação não é diferente. Na maioria dos casos, as queixas são bem fundamentadas, mas o que salta aos nossos olhos é a tremenda dificuldade de as pessoas expressarem seu desagrado de forma madura e responsável. Os conflitos com a liderança são quase sempre causadores dessa inibição. Contudo, mesmo quando os problemas emergem entre os pares, ainda assim a famosa rádio peão continua disseminando fofocas nos bastidores.

Quanto maior o grau de passividade, maior a insatisfação cumulativa. Às vezes, porque há a crença de que não é permitido se expressar; em outras ocasiões, porque se aprende a dissimular as emoções em prol de uma imagem (profissional). Quando o valor do *status* e da ascensão profissional é preponderante, para sustentar um ritmo alucinante, suspende-se totalmente a sensibilidade. A pessoa se transforma em um camaleão, que abre mão, por exemplo, da família ou do auto-respeito em prol do reconhecimento no trabalho.

EXPERIÊNCIA PRÁTICA
Veja um caso clássico da pessoa que não se envergonha de abrir mão de princípios éticos, mas se envergonharia muito mais se colocasse em risco seu *status*. "Foi uma tremenda saia-justa quando um funcionário desabafou sua insatisfação. Alguém do outro lado da sala disse que endossava suas críticas. Os ânimos estavam acirrados quando alguém sugeriu que se fizesse uma lista de reclamações. Diante disto, conversei em particular com o responsável da área e sugeri que se realizasse uma pesquisa de satisfação a fim de subsidiar e otimizar um programa de treinamentos adequados ao cenário. Ele não só concordou como achou bom deflagrar o descontentamento. Reconheceu ter diante dele um pano de fundo de insatisfação coletiva que exigia um posicionamento imediato. Prometeu falar com o diretor do departamento que nos convocou para uma reunião no mesmo dia. Grande foi minha surpresa quando o diretor, considerando o incidente um caso isolado, achou tudo aquilo uma grande bobagem. O responsável da área não só se omitiu, mas afirmou justamente o contrário do que havia me dito havia poucas horas. Era evidente que atuava como um camaleão e que faria qualquer coisa para agradar a seu superior."

Por outro lado, há situações em que se anula a própria individualidade. Diante de qualquer solicitação, representa, por exemplo, estar sempre disposto a absorver uma nova tarefa. É ser extremamente solícito e até indispensável. Esse tipo de comportamento resulta, muitas vezes, de uma necessidade quase que permanente de responder às expectativas alheias – aparentes ou ocultas. A qualquer preço, o condicionamento é satisfazer os demais.

EXPERIÊNCIA PRÁTICA

Uma aluna, durante um treinamento de Foco e Criatividade, desabafa: "Tudo é urgente, e eu passo o dia apagando incêndio das pessoas que trabalham comigo. Meu chefe sabe que pode me passar qualquer abacaxi porque eu dou conta do recado. Sou 'Bombril', mil e uma utilidades. O problema é que nunca digo não. Passo de uma atividade a outra e nunca termino nada. Vivo estressada e com a sensação de que minha maior qualidade – a generosidade – acaba voltando-se contra mim. A verdade é que vivo atolada e nunca cumpro minhas metas, nem tenho tempo de perceber quais são as minhas reais necessidades."

O maior desafio é libertar-se do desejo de agradar e se perguntar constantemente: estou de acordo com o que sou?

Tornar-se aquilo que esperam de nós, camuflando necessidades ou conflitos, distancia-nos de nós mesmos e das pessoas do nosso convívio. Destilar crítica em silêncio é outra fórmula bastante usual para encobrir pequenos dissabores. Enquanto se reboca os pilares da ira, mantém-se a falsa aparência de que tudo está perfeito. Pior que isso, a pessoa é capaz de alegar: *Perdoe-me, eu sou desajeitado mesmo. Por essa razão, nunca digo o que penso!* Além de faltar com a sinceridade, exime-se da responsabilidade pelos relacionamentos. Há quem prefere julgar os outros e os acontecimentos responsáveis pela própria omissão: *Não fui falar com ela, porque chovia (culpa da chuva). Não consegui colocar minhas idéias em ordem, porque ele me deixa nervoso (culpa dele).*

O ressentimento vai deformando a percepção do real. É o somatório de coisas não ditas. Pequenos detalhes que vão se multiplicando e que acabam, confusamente, sabotando as relações. Ainda que o respeito seja sempre o melhor termômetro, é importante não confundi-lo com omissão. Embora tolerar seja preciso, o respeito ao próximo se constrói com base na fidelidade consigo mesmo – no auto-respeito. Por isso, é bom verbalizar o que acontece dentro de nós. Os pensamentos não são propriedades particulares, porque ainda que não os expressemos, o corpo denuncia o mal-estar que se espalha ao nosso redor.

EXPERIÊNCIA PRÁTICA

O relato a seguir, de um consultor da **Casa da Comunicação**, ilustra muito bem o quanto a reação das pessoas durante um treinamento é reveladora. Traduz de alguma forma o comportamento delas no cotidiano. "Logo nas duas primeiras horas, quando algum exercício era proposto, sempre perguntávamos: "Ficou claro? Há alguma dúvida? O que vocês entenderam?" "Ninguém respondia nada, mas, no paralelo, entre os pares, havia uma crítica velada, disparando a famosa rádio peão. Acabamos conquistando a confiança deles, mas pudemos constatar que para eles era habitual a cultura do ´não-dito´. O resultado é inevitável: você critica, mas não diz o que gostaria de dizer e mal sabe onde começa o fio do seu desconforto cumulativo; você diz, mas acaba fomentando fofocas no corredor, e, por fim, o descontentamento enraizado pode aflorar a qualquer momento de maneira desmedida."

O *não-dito* encobre investimentos camuflados que podem nos tornar insensíveis ou hipersensíveis, incapazes de perceber outra coisa além do próprio umbigo. Por detrás dessas máscaras, reside, talvez, uma ruptura com o sentido humano da existência, uma dificuldade de interiorizar-se e de assumir responsabilidade pessoal. Tudo começa ao represar sentimentos e colapsar a genuína expressão. Aquela dor de garganta que não é física, mas que corrói a espontaneidade. Por medo do abandono, da perda, para preservar o lugar (profissional ou na vida do outro), podemos renunciar a nós mesmos.

Toda vez que omitimos os sentimentos autênticos, que fazemos alguma coisa contra nossa vontade, alguém acaba pagando nosso débito pessoal.

EXPERIÊNCIA PRÁTICA

"Meu chefe vive estressado, dando ordens abusivas, e eu me sinto impotente para confrontá-lo. Também fico chateada de ter de almoçar na casa dos meus sogros como se eu fosse obrigada a fazer coisas contra a minha vontade sempre. Parece que vivo um acúmulo de impotência que nunca consigo verbalizar. Aí percebo que não tenho paciência com meus filhos. Acabo descontando neles toda a minha cólera. No fundo, eu gostaria de receber sem ter de pedir." O depoimento dessa aluna deixa claro o quanto gostaria de ser compreendida sem que fosse necessário expressar-se.

De fato, incondicionalmente, todos anseiam que seus desejos sejam ouvidos. Importa compartilhá-los, estabelecendo um espaço aberto de diálogo e aprendizagem sobre nós mesmos. Outra coisa é o pedir. Quando solicitamos algo a alguém, aguardamos uma resposta, um posicionamento que pode ser de recusa ou de aceitação. Mas é essencial admitir que ninguém é obrigado a adivinhar nossas expectativas e, muito menos, atendê-las. Portanto, cabe a nós a ousadia de nos expressar.

O recurso mais precioso é a autenticidade que dá vida às relações. Aprender com as pessoas do nosso convívio, dividindo aspirações e alegrias, dúvidas e fracassos. Ousar dizer, aceitando testemunhar a própria vivência, falar dos próprios sentimentos. Perceber a medida certa do limite de nossas individualidades. Ninguém tem o direito de atropelar os processos, como tampouco é justo abrir mão do respeito e do amor-próprio. Para aqueles que nunca se expressam, é hora de falar. Para aqueles que falam com desenvoltura, é hora de ouvir com atenção.

Onde está a fronteira que pode delinear a hora certa? Entre equívocos e acertos, conhecer-se e conhecer os demais é um trabalho constante. Requer, entre outras coisas, ajustar os passos e estabelecer um diálogo franco, sem perder a sensibilidade. Importa lembrar que as relações mais próximas podem transformar-se em um ancoradouro fértil de comportamentos fictícios, projeções e conflitos. Contudo, podem também abrigar sentimentos reais. "É assim que me sinto." Isso exige livrar-se de hábitos indesejáveis e investir no firme propósito de construir **a vida que queremos viver**.

É preciso muita coragem para se ver cara a cara sem auto-enganos ou justificativas. Requer perguntar-se a todo momento: Por que eu disse o que não queria? Por que não digo o que quero? Aliás, digo o que sinto? Ou fico fermentando rancores? Evito aborrecimentos? Como seria não negar, nem esconder os sentimentos? E se eu fosse eu mesmo com gentileza e firmeza? E se aceitasse a vivência do outro sem torná-la minha? E se apenas respeitássemos mutuamente nossos testemunhos?

Julgar é só começar...

SE ALGUÉM PASSAR a vida dentro de um quarto, terá uma visão particular. Se alguém viver confinado dentro de um apartamento, verá diferente. Por outro lado, se morar numa fazenda, exercitando o olhar no horizonte, enxergará com maior amplidão. Imagine trocar o espelho do banheiro por outro, envelhecido. Alguma coisa mudou de fato ou é apenas a sua imagem mal refletida? Imagine ainda que use lentes cor-de-rosa. O que muda? Você é quem mudou ou foi a percepção do "real"?

Cada situação acima oferece um panorama distinto. Continuamente, os filtros interpretativos distorcem, ampliam ou reduzem a compreensão. Por isso, é imprescindível reconhecer que enxergamos de acordo com lentes interpretativas. Aliás, as reações são decorrentes da interpretação dos fatos. Construímos nossa visão de mundo segundo experiências acumuladas e um sistema de valores e de crenças. "O sentido dado aos acontecimentos é o pivô de nossa vida cotidiana e relacional; é a história que contamos a nós mesmos que faz nossa história, seu dinamismo e suas repetições" (Salomé e Galland, 1999, p. 118).

Um valor compromete a vida pessoal e a dos que se relacionam conosco. Daí a importância de, ao propor algo, ter em conta que a realidade objetiva é diferente para cada pessoa. Partindo do princípio de que é um mero observador, o que é verdade para você pode não ter validade para mim. Portanto, ao falar, estamos afirmando o ponto de vista do observador. Você e eu podemos ver a mesma coisa e, no entanto, enxergá-la de um modo distinto.

O filósofo Rafael Echeverria afirma que quando nos expressamos só manifestamos nossa forma pessoal de observar e de considerar as coisas. "O que vai diferenciar uma interpretação da outra é o juízo que efetuamos sobre o poder de cada uma delas" (Echeverria, 1998, p. 44). De fato, dependendo do tipo de interpretação, estaremos limitando ou ampliando alternativas possíveis de ação.

EXPERIÊNCIA PRÁTICA

Lembro-me de uma experiência com um grupo de policiais militares. A consultora que me acompanhava vestia uma saia comprida, mas, mesmo assim, era visível sua tatuagem no tornozelo. Percebi que, quando ela entrou na sala, eles se entreolharam, deixando no ar uma lufada de estranhamento, de suspeição. Imediatamente, iniciei um exercício com livre associação de idéias: tatuagem lembra o quê? O clima ficou tenso até que em poucos instantes fizeram as seguintes associações: tatuagem lembra marginal, maconha, bandido, cana etc. O resultado de nossa discussão foi surpreendente. Uma policial reconheceu o quanto tinha dificuldades de lidar com alcoólatras. Confessou-nos: "Só agora me dou conta de que meu preconceito vem da infância marcada por um pai que bebia demais." Disse mais: "Se eu pudesse ressuscitá-lo, diria muitas coisas que nunca disse..."

Se quiser realmente entender a vida, é essencial atravessar os acontecimentos sem rotulá-los. Ter coragem de flexibilizar-se, rever as crenças sem aferrar-se a constantes opiniões. Elas, como diriam os estóicos, definem não somente o mundo, como também a própria vida. Acredita-se que a vida é como se pensa e se confunde a realidade com as idéias sobre ela. Afinal, quando algo incomoda, o que realmente incomoda não é o fato em si, mas o julgamento a respeito. Ao julgar, você se convence de estar certo e isso o deixa seguro. A questão é não se prender a idéias fixas como verdades absolutas. Suspender os julgamentos é experimentar novos pontos de vista, outro olhar.

O ser humano está o tempo todo projetando opiniões sobre as pessoas. Lembro-me de um grupo de *Escrita Criativa* – *workshop* realizado regularmente na **Casa da Comunicação** ou *In Company*, destinado a desbloquear a escrita e a confiar na aptidão criativa. Pela primeira vez, uma integrante não abriu a boca. No final do dia, despejou-me um glossário de protestos que nada tinha que ver com a atividade proposta. Eram críticas a respeito do grupo. Além de constatar que deixou de partilhar a experiência, percebeu que havia julgado com severidade os demais, tal qual seu crítico interno procedia com ela. Ao recusar uma experiência ou rejeitar alguém, você se indispõe internamente. Por essa razão, é tão difícil mudar de ponto de vista. Em suma, ainda que faça algum esforço, estará ouvindo o juízo de valores que tece a respeito da pessoa ou da circunstância. Um bom exemplo é a relação com os pais. Você cresce, constrói família e eles o considerarão uma eterna criança. Você também esquece várias vezes de atualizar sua visão acerca deles. Eles também se transformam.

EXPERIÊNCIA PRÁTICA

Oferecemos, há anos, um formato de treinamento de efeito "homeopático" com encontros regulares, porque acreditamos que os resultados só podem ser efetivos e eficazes mediante um processo educativo. Iniciamos alguns projetos-pilotos que comprovaram nossa percepção; em um deles, logo no primeiro dia. O engenheiro responsável fez a seguinte apresentação: "Essas consultoras estão aqui para corrigir os erros e a falta de qualidade na linha de produção!" Por mais que tentássemos amortizar o impacto das suas palavras, foram necessários vários encontros para dissipar a impressão de que éramos inquisidores com a missão de "apontar falhas". De repente, um participante que sempre gerava indisposição no grupo rasgou o verbo: "Vai me dizer que a senhora nunca bate o cartão só para receber seu salário?" Resgatei em instantes, em um discurso inflamado e sincero, a razão de ser da minha autêntica vocação.

Ao falar, cabe a nós o cuidado de não distorcer a função de observadores do mundo, estabelecendo a maneira efetiva de escolher a palavra adequada. Segundo Rafael Echeverria, "a linguagem não é inocente. Toda proposição, toda interpretação, abre ou fecha determinadas possibilidades na vida, habilita ou inibe determinadas ações" (Echeverria, 1998, p. 44). Isso remete a uma situação bastante comum. Você já teve certeza de algo e ao expressar-se recebeu uma montanha de protestos? É a diferença entre expor uma idéia com clareza e, ao contrário, despertar uma maré de desentendimentos sem fim. Se tiver em conta que o interlocutor, tanto quanto você, é um observador único, saberá a importância de buscar a forma apropriada para comunicar-se. É a qualidade das pequenas ações que faz a diferença.

Ao emitir declarações, não se fala apenas sobre os fatos. Você propõe uma visão de mundo, assumindo um compromisso social com aquilo que diz. Trata-se de uma ação que nos transforma e transforma o mundo à nossa volta. Para Echeverria,

> A linguagem cria realidades. [...] Ao dizer o que dizemos, de um modo e não de outro, ou não dizendo nada, abrimos ou fechamos possibilidades para nós mesmos e, muitas vezes, para os demais. [...] A partir do que dizemos ou do que nos disseram, a partir do que calamos, a partir do que escutamos ou não escutamos dos outros, modelamos nossa realidade futura em um sentido ou em outro. [...] Modelamos nossa identidade e o mundo em que vivemos, através da linguagem. (Echeverria, 1998, p. 35)

Tudo que se declara altera a conversa e os acontecimentos. Assim, declarar *não* ou optar pelo *sim* são direitos legítimos que estabelecem uma nova maneira de ser. Ao escolher esta ou aquela forma, você exerce a liberdade de desenhar o valor e o respeito que obterá de si mesmo e de sua palavra.

Por isso, falar em vão distorce a função transformadora do ato lingüístico. Se não for capaz de cumprir suas declarações e promessas, você não só perde a força como a autoridade; perde o poder de administrar sua vida e gerar mudanças. Acaba não acreditando mais nas próprias promessas, assim como os demais formam um juízo semelhante a seu respeito. Portanto, a lição mais gratificante é comprometer-se com sua expressão.

EXPERIÊNCIA PRÁTICA

Um exemplo bastante corriqueiro é a promessa de iniciar um regime na segunda-feira. "Eu já provei todo tipo de dieta, mas não consigo nunca ir até o fim." Sem falar nas justificativas mais hilariantes: "Eu havia me proposto a começar o regime na segunda, mas logo nesse dia era o aniversário da minha melhor amiga. Deixei para terça, mas acabei tomando uma cervejinha com uns amigos. Bom, no frigir dos ovos, como sempre, adiei a dieta para a semana que vem."

Outro exemplo bastante comum é a promessa de se inscrever na academia no final do mês. Refiro-me à resistência de se iniciar qualquer tipo de atividade física. "Eu sei que tenho dores na coluna, sinto-me enferrujado, mas não consigo encontrar tempo." Outras se programam, e sempre alguma demanda externa as impede: "Eu fiz minha parte de me matricular na academia, mas estamos passando por um processo complicado na empresa e não tenho conseguido sair de lá antes das dez da noite." Há também aquelas que admitem francamente: "Meu problema é que não tenho a mínima disciplina. Só faço o que estou a fim. Desisti de me matricular em vão nas academias porque eu sei que acabo jogando dinheiro fora."

Por um lado, você atua de acordo com o que é, mas, por outro, é fruto de suas ações. A qualquer momento pode abandonar antigas formas e adotar novas atitudes. Por essa razão, é importante evitar falar à toa, reconhecendo a responsabilidade de, por meio da palavra, ser um agente transformador. Admitir também que *não sabe o que não sabe* sobre si e os demais observadores, dando, assim, lugar ao constante aprender a aprender. Por que permanecermos presos ao modo por meio do qual julgamos os fatos e as pessoas? Viver bem exige ampliar a percepção da realidade, capacitando-se para interagir imbuído de respeito mútuo. A proposta é enxergar através da multiplicidade de lentes, entendendo o campo de visão dos outros. Requer disponibilidade interna para ouvir com atenção, enquanto, ao mesmo tempo, aprendemos a renunciar a imposição das nossas opiniões. É procurar compreender os olhares e sentimentos alheios, com seu sistema de convicções e referências.

> **Dica**
>
> Imagine uma dificuldade particular com alguém. Em tempos normais, certamente lidaria com a situação de um modo habitual. Trata-se, agora, de analisar formas diversas de responder, procurando um novo posicionamento interno. Suponhamos que sempre coloque tudo em pratos limpos. Como seria se, dessa vez, procurasse colocar-se no lugar da pessoa sem julgá-la? Prove um comportamento nada usual e veja o que acontece com você e com ela. Experimente, por exemplo, tirar o foco da pessoa e apenas observar os próprios sentimentos. Não acuse, nem opine. Aquiete o turbilhão mental para apenas compreender com a maior isenção possível.

Imagine um musicista e uma cientista nuclear que acabam de conhecer-se. Para ela, o meio mais eficiente de discriminar sua visão de mundo é procurando padrões ou ordens. Para ele, certamente, a vida faz sentido através da música. Cada um percebe e se expressa não apenas de acordo com suas crenças, mas também com as estruturas mentais (ou inteligências) que mais desenvolveram ao longo da vida. Como será a conversa entre eles? De que maneira lidar com as disparidades?

O exercício desafiador é compreender como as pessoas enxergam e interpretam a realidade. Deixariam de julgar certo ou errado, bom ou mau. Passariam a aceitar toda pessoa como um ser individualizado que simplesmente é distinto de si mesmo. Em vez de obstruir a comunicação humana, aprenderiam a conviver e a evoluir com a diversidade. Ao contrário, tendemos a classificar e a apontar erros. Se alguém é muito detalhista e gosta de fazer tudo com zelo, dependendo de nosso estado de espírito, podemos dizer que *ele é crica, chato*. Essa mesma pessoa, sob outro olhar, pode ser considerada competente, compromissada com o que faz. Agora, se nós formos extremamente exigentes, podemos julgar os demais *preguiçosos, displicentes*.

EXPERIÊNCIA PRÁTICA

Uma parceira da **Casa da Comunicação** deu o seguinte depoimento: "Eu sempre tive cara de mais jovem. Com 28 anos eu aparentava ter 18. As pessoas me recebiam nas reuniões com olhar incrédulo, como se dizendo: 'O que essa menina pode acrescentar?' Eu tinha um pouco a sensação de que, ao me avistarem, vislumbravam um *playground*."
O inverso também acontece. "Eu acho que estou ficando defasada. A tendência é substituir as equipes por gente muito mais jovem. No começo, eu mesma achei que não daria certo. Imagine eu, cinqüentona, no meio daquela garotada de vinte e poucos anos. Grande foi minha surpresa ao perceber que não só rejuvenesci como aprendi a estar mais ligada e aberta às mudanças."

Formamos um conceito do que é desejável e pertinente, avaliando as pessoas segundo idéias preconcebidas que derivam de nossas crenças, expectativas e juízos de valores. O problema está nos julgamentos moralizadores quando os demais não estão em conformidade com nossas opiniões.

"Ele é muito egoísta, folgado! Vive à custa dos outros."

"Mal comecei a trabalhar e já me traçaram o perfil da chefona. Disseram que entra gritando e repartindo bronca. Parece que a palavra-chave dela – que eu não posso esquecer na entrevista – é: 'O que importa é produzir.' "

Assim, os excessos de críticas, as comparações, as rotulações e os preconceitos, são sempre formas de intolerância que nos afastam uns dos outros.

EXPERIÊNCIA PRÁTICA

Durante um treinamento sobre atitude de qualidade, questionamos os participantes sobre o que representava para cada um deles qualidade de vida. Os comentários iniciais foram marcados por comparações.

"Me dá raiva de pensar nisso porque é impossível qualidade de vida acordando às três da manhã... Qualidade é ir à praia e poder viajar com a família. Qualidade é ter o carro do ano."

"Que qualidade que nada! Eu vivo preocupado com as dívidas. Só os bacanas da empresa podem fazer o gosto dos filhos."

O mais interessante foi quando perceberam que ao comparar o seu modo de vida com o das demais pessoas, sentiam-se infelizes. Alguns depoimentos posteriores deram um novo sentido.

"Eu adoro jogar bola com os amigos e levar meu filho junto. Não tem preço dividir esses momentos com meu moleque."

"No meu caso o que me deixa muito feliz é convidar a família, fazer uma vaquinha e assar uma carne e jogar conversa fora."

Focalizar a atenção naquilo que nos falta é motivo de permanente insatisfação. Convivemos com uma pessoa diariamente e fomentamos um diálogo interno recheado de críticas sobre as coisas que ela deveria fazer ou dizer segundo nossas expectativas. Esquecemos diversas vezes de olhar para a metade do copo cheia. Pior: deixamos de desfrutar o aqui e agora, de ser tocados pela soma de nossas diferenças que nos modifica.

Somente o contínuo aprender a aprender transforma nossa visão sobre a vida. A arte de conhecer-se e de conhecer os demais traz consigo um horizonte vasto de possibilidades. Por essa razão, é fundamental rever atitudes que nos impedem de acessar a riqueza do momento. Crescemos em meio a contradições e porções incongruentes, nos ajustamos e confrontamos a nós mesmos, espelhando-nos uns aos outros.

Nas palavras dos escritores Jacques Salomé e Sylvie Galland: "Todo encontro, toda relação é portadora de mudança, de perturbação ou de evolução; é o risco humano da troca". O problema está, segundo eles, nas "imagens prontas, esquemas preestabelecidos que nos levam, sem que percebamos, a negar a evolução permanente e vital das pessoas, dos sentimentos e das relações" (Salomé e Galland, 1999, p. 101).

Eu sei o que sei, pronto e acabou!

O RUMO DA VIDA depende em grande parte da qualidade de suas declarações. A omissão da palavra representa a falta de responsabilidade sobre os atos, mas abusar dela também interfere negativamente nas relações. Quantas vezes, em vez de confrontar os problemas, atacamos as pessoas? Uma declaração intempestiva nunca é isenta de débitos emocionais.

Pense nas centenas de vezes em que as pessoas se exaltam, diariamente, disparando um sem-fim de agressões. Além de se voltarem com igual intensidade contra si mesmas em forma de cansaço generalizado, podem vir acompanhadas de um forte sentimento de culpa pela inadequação. Os impulsos extravagantes, quando se perde o limite das coisas, traduzem o uso inadequado da palavra. Caso o interlocutor entre no mesmo jogo e reaja a uma explosão emocional, o disparate aumenta e, no mínimo, ambos saem injuriados e exaustos.

EXPERIÊNCIA PRÁTICA

Uma aluna narra sua experiência de como conseguiu transformar uma relação pelo estômago: "Diariamente quando eu ia buscar meu carro no estacionamento, eu acabava me desentendendo com o manobrista. Eu discutia por besteira e julgava que a culpa era sempre das suas grosserias e do seu mau humor. Um dia, percebi que eu também estava inadequada. Comecei a levar para ele alguns salgadinhos, sobretudo à noite. Passaram-se semanas. Ele continuava sisudo enquanto eu permanecia extremamente educada. Um belo dia, consegui arrancar dele um sorriso e começamos um novo relacionamento."

Há também quem prefira montar um arsenal de desculpas internas, alimentando a fúria no fundo do baú. Quando se dá conta, já contaminou a tal ponto o relacionamento que não há como curá-lo da irritação crônica. Dessa maneira, estabelecem-se vínculos por meio dos quais se perde o respeito mútuo.

EXPERIÊNCIA PRÁTICA

A adolescência é um período marcante, entre outras coisas, para a aprendizagem da autoridade interna. Inicialmente, peca-se pelos excessos (submissão ou abuso de poder). Um bom exemplo nos foi relatado por uma aluna da **Casa** que, nos anos 1970, aos 14 anos, desejou descer de barca o rio São Francisco e viajar de carona pelo Nordeste. Longe de pedir autorização aos pais, informou que iria e, por rebeldia, numa discussão, pulou a janela da sala. "Passei aquele fim de tarde sentada em um jardim, matutando estratégias de como fugir pelo mundo afora. Nessa época, julgava saber tudo e ser dona do meu nariz. Ninguém me deteria. Eu queria devorar o mundo. Pouca pretensão, não é mesmo? Durante muito tempo, continuei achando deter a verdade. Sofria por destempero. Julgava único meu modo de ser e natural odiar que mandassem em mim, enquanto distribuía desmandos pelo mundo. Quando abaixava a guarda, achava, ao contrário, que era incapaz e que não sabia absolutamente nada de nada. Tanta insegurança era proporcional ao temor de ser devorada por minha própria voracidade."

Como é possível coabitarem dentro de alguém, com igual intensidade, a certeza de *tudo saber* e a de *nada saber*? Não há mérito algum em inflar-se ou desinflar-se, submetendo-se a comportamentos extremados. É tão negativo achar-se *dono do mundo* quanto se sentir um *Zé Ninguém*. Para o escritor francês Jacques Salomé, a tendência narcisista se constrói em meio à contradição: por um lado, a personalidade se proclama todo-poderosa e auto-suficiente; por outro, necessita que alguém a reconheça e a aprove. Há uma valorização extrema se si mesmo "que se alterna com fases de desencorajamento fundadas no sentimento de ser nulo ou indigno" (Salomé, 1999, p. 46).

De que maneira interferir na forma que se quer moldar? Quem ou o quê determina o uso do poder pessoal? Ao entregá-lo, alguém está monitorando nossos passos. Quem se humilha não é menos responsável que aquele que oprime. O orgulho tem duas faces: uma delas compreende o dominador; a outra, o dominado. Vítima e algoz alimentam-se mutuamente.

Ao contrário de agir imbuído de orgulho, é possível desvelar a humildade como conduta ética social. É admitir que o que está errado em nossas relações está errado em nós mesmos. Nas palavras do psicoterapeuta James Hollis: "nesses momentos de humildade, começamos a melhorar o mundo que habitamos, e damos origem às condições que favorecem a cura de nossos relacionamentos e de nós mesmos" (Hollis, 1995, p. 61). Representa despojar-se da intolerância, da leviandade, da cegueira. Significa coragem de abrir mão dos abusos e da omissão, do controle sobre os outros. No lugar das queixas e das reclamações, emerge o espaço para o diálogo.

Descortinar as artimanhas da soberba traz consigo a compreensão do valor da singularidade humana. Compreende-se que a engrenagem da vida confere a cada pessoa um lugar único. A parcela individual é, continuamente, aprender e ensinar, contribuir e somar.

EXPERIÊNCIA PRÁTICA

O relato de uma parceira é um bom exemplo... "Eu acabava de descobrir que estava com depressão e fui a uma consulta com um parapsicólogo – um terapeuta renomado. Eu me sentia a pior das criaturas quando ele me surpreendeu, dizendo que sua primeira crise de depressão havia sido aos 12 anos. Fiquei perplexa, pensando na coragem que ele teve de se expor, me servindo de inspiração. Saí de lá convencida de que era possível administrar o processo e de como a vida nos reserva momentos de profunda comunhão e ternura."

Imagine o oceano como um sistema que compreende múltiplos ecossistemas. Os peixes, as algas marinhas, as conchas, as gotas, as partículas atômicas, o feixe de luz. O homem também se define de acordo com a relação entre o todo e as partes, entre o individual e o social. Ele é tanto fruto do meio como responsável pelo que gera ao seu entorno. Graças a esta dinâmica interativa, descobre-se ser possível interferir, constantemente, no desenho do mundo. Isso requer reconhecer o significado de todas as coisas, sabendo que, se não houvesse uma gota, jamais existiria o oceano.

Máscaras sociais

CERTA VEZ, durante o intervalo de uma atividade, uma médica, aproveitando uma situação descontraída, tentava convencer uma amiga obesa a emagrecer, a abandonar a cerveja, enfim, tudo que considerava prejudicial à saúde. Em primeiro lugar, essa médica era conhecida, na intimidade, por seu afã de perseguir um padrão perfeito de si, de tudo e de todos. Por outro lado, a pessoa obesa se considerava todo-poderosa. Com o intuito de assegurar esse sentimento de poder pessoal e minimizar ameaças, ela havia escolhido uma estratégia de excessos de todo tipo: bebida, comilanças, festanças.

Você pode imaginar qual foi o desfecho dessa conversa? Pareciam dois estrangeiros, falando um terceiro idioma sem pé nem cabeça. Perderam um tempo incrível, reafirmando cada uma seu ponto de vista irredutível. Inúmeras vezes, a nossa visão particular das coisas nos impede de, no mínimo, experimentar ver o mundo através de outros olhos. Pretende-se impor um ponto de vista, como se existisse um único caminho a trilhar. Pior ainda: conversar acaba transformando-se em debates insanos para provar quem tem razão. E, qual era mesmo o objetivo inicial da conversa?

Vamos supor um baile de máscaras. Chega o típico personagem que "dança conforme a música", ansioso por receber afeto. Cuida dos últimos detalhes para agradar aos demais. Imagine agora um tipo que, ao contrário, prefere não se envolver, mantendo distância emocional. Ele escolhe um cantinho que lhe garanta uma visão panorâmica, desejando não ser molestado em hipótese alguma.

Aparece uma terceira pessoa, que vive emocionalmente presa à máxima do sofrimento. Ela observa o personagem sentado no canto da sala e começa a despejar um rosário de lamentações: "Sinto-me estranha aqui, mas, sabe, aonde quer que eu vá me sinto deslocada..." Logo em seguida, surge um *bon-vivant* que brinca com todos, descontraindo a seriedade do ambiente.

Para ajudar, chega um mestre em aparências que necessita ser reconhecido pelo que faz. De imediato serve às pessoas, mas não consegue conter-se. O que mais gosta é de falar de trabalho. Começa a falar de suas bravuras profissionais. Vá calculando o diálogo interno de cada um, repleto de julgamentos e a conversa que estabelecem entre si. E, para completar, aparece o personagem que adora a ladainha da crítica pela crítica: "Nossa, que cores extravagantes..."

Enquanto isso, como não poderia faltar, alguém parado na soleira da porta não sabe se deve entrar. Indeciso e desconfiado, acaba levando o maior susto: ostensivamente, entra o rei das noitadas, fanfarrão que adora comer, beber e, em alto tom, transforma aquilo numa festança. "Vocês morreram e não me convidaram para o enterro? Cadê o som?"

Esses comportamentos exemplificam a enorme variedade de padrões de personalidades, formas diferentes de prestar atenção, de observar, interpretar e agir, imprimindo e alterando o significado das coisas. Além disso, cada um tem crenças e valores de toda ordem que podem ser centrais ou secundários. As pessoas, por exemplo, movidas pelo desejo de ascensão social, se preocupam com sua aparência e reputação. Nesse caso, constroem representações de si (a própria identidade), alicerçando-se no olhar externo. Por essa razão, são mais vulneráveis aos julgamentos alheios. Os atos generosos decorrem da necessidade de reconhecimento.

EXPERIÊNCIA PRÁTICA
Um aluno deixou claro que para ele "dançar conforme a música" é estratégia de sobrevivência. "Eu costumo ser solícito por diversas razões. A primeira delas é que reconheço a posição que ocupo e a valorizo muito. Demorei muito pra chegar aonde cheguei. Por outro lado, amanhã eu também posso precisar de ajuda e vou ter a quem pedir. Ter uma boa rede de relacionamentos pode livrar nossa pele em situações de apuro. Também já percebi que a empresa dá muito valor ao trabalho em equipe. Acho que se eu não me ajustar ao que esperam de mim, eu vou sobrar." Enquanto a inteligência concebe a necessidade de adaptar-se ao meio ambiente, as ações são movidas pelo desejo de pertencer, de receber aprovação e de manter seu *status*.

Há também aqueles que prezam valores e ações morais. Alicerçam seu caráter no sentimento pessoal da própria dignidade, que está sempre presente à consciência. São pessoas que optam por uma conduta ética. São capazes de envergonhar-se só de pensar em cometer alguma transgressão. O sentimento de integridade é um compromisso consigo mesmo.

EXPERIÊNCIA PRÁTICA
Durante um treinamento, uma aluna deu um depoimento que chocou a maioria dos participantes. "Eu sei que vocês me acham inadequada. Talvez eu até seja,

mas não posso ficar em cima do muro. Nossas reuniões costumam ser muito improdutivas e chatas porque as pessoas se preocupam em agradar ou em concordar com o chefe. Pra mim, transparência é tudo. Além disso, só faz sentido eu continuar aqui, se eu contribuir com meu melhor. Por isso, muitas vezes eu discordo mesmo. Mas, se eu quero agradar a alguém é a mim mesma." Neste caso, estar em conformidade com princípios é a motivação para agir.

Imagine uma reunião em que cada participante representa um país, um idioma, uma cultura. Aí você coloca frente a frente um inglês e um índio guarani, um árabe e um canadense. Suponhamos ainda que não conheçam uma língua comum. Diga, como vai ser esta reunião? Certamente as conversas não serão muito distintas das que mantemos diariamente no nosso convívio. A grande aprendizagem é suspender as avaliações sem submeter as pessoas ao nosso crivo particular de crenças e preconceitos. Cabe-nos reconhecer a vivência alheia, aceitando que cada um tem o próprio sistema de referências.

Conveniência & convivência

É MUITO COMUM, como já foi dito anteriormente, não somente entre marido e mulher, pais e filhos, como também nos demais relacionamentos sociais, a demora em se atualizar os contratos de convivência. Mesmo que as pessoas se modifiquem, costumamos enxergá-las com o olhar de antes, como se as mantivéssemos nas mesmas gavetas do passado.

EXPERIÊNCIA PRÁTICA
O depoimento a seguir, fala sobre mudanças que podem ocorrer sobre velhos

julgamentos. "Eu não me dava nada bem com o marido da minha amiga. Aliás, ninguém que eu conhecia o suportava. Era sempre uma saia-justa encontrá-lo. Até hoje algumas pessoas reclamam da chatice dele e eu fico perplexa. Há uns três anos ele passou por um processo difícil que o transformou por completo. Hoje ele é um presente pra mim. Um exemplo de superação e de transformação. Quem ainda o enxerga como antes, perde a chance de conhecer uma nova pessoa."

É importante observarmos que nos impregnamos de julgamentos, uns sobre os outros. Mas pessoas e relações se transformam. Por isso, é necessário atualizar nossa visão acerca delas. A única forma de disparar novas alternativas é reajustar, dia-a-dia, o relacionamento, sendo honestos sobre nossos sentimentos profundos. Parece cômodo e humanamente compreensível mensurar o outro sob o prisma das próprias referências, julgando o mundo externo "culpado" por nossas emoções.

EXPERIÊNCIA PRÁTICA
Vejamos um bom exemplo de projeção.
"Eu me lembro que as coisas pra mim só começaram a melhorar ao conhecer meu marido. Foi quando, na véspera do casamento, minha sogra tentou impedir nossa união porque deu a entender que considerava minha moral duvidosa como se eu saísse com qualquer um. Depois de muitos anos vim a saber que ela sim havia sido amante do farmacêutico e do dono do cartório, que eram amigos do meu sogro." Muitas vezes os excessos de acusação, de crítica negativa, denotam a dificuldade de lidarmos com nossas próprias facetas pouco conscientes. O que me irrita em alguém, muitas vezes, são minhas próprias contradições e ambigüidades – aspectos que não vejo em mim mesmo. Projetamos no mundo imagens que estão dentro de nós, mas acreditamos piamente que o filme externo nada

tem a ver conosco. As pessoas se convertem, aos nossos olhos, em telões onde desenhamos nossa história.

Ao contrário da troca de projeções (sempre possível com o consentimento mútuo), a grande aprendizagem é se responsabilizar pela vida que se quer ter, privilegiando o respeito mútuo. Representa admitir que, em qualquer relacionamento, desconheço ou conheço muito pouco as minhas zonas de sombra, bem como ignoro o lado oculto do outro. É óbvio: um relacionamento saudável não pode ser mantido com base na fé cega ou nas crenças idealistas. Além disso, todos estamos sujeitos a transformações. Nas palavras de Jacques Salomé, um compromisso lúcido e honesto supõe aceitar três componentes: "você, eu e uma parcela desconhecida e de mistério relacionadas à evolução possível de cada um de nós" (Salomé, 1999, p. 76).

EXPERIÊNCIA PRÁTICA

O relato de uma aluna mostra as mudanças significativas ao cessar o jogo de projeções. "O tempo todo ele se irritava comigo, fazia caretas e implicava com meu modo de falar, de mastigar, de mexer as mãos, coçar a cabeça. Eu me sentia muito mal. Até que um dia percebi que ele depositava em mim o que não admitia em si mesmo. Pior: ao ser alvo de suas projeções, acabei me apropriando delas. A minha lição era sair da lixeira e aproveitar a oportunidade para encarar a minha baixa auto-estima e a minha intolerância. O quanto era exigente comigo e com todos, o quanto precisava ser mais amorosa comigo mesma. Foi um parto desfazer esse velho contrato. Mas o tempo passou e eu aprendi a ocupar meus espaços vazios e não ficar plugada nessa relação. De fato, meu mal-estar tinha a ver com minhas próprias carências e com a falta de valorização própria. Sabe o quê? Acho que ele só despejou seu lixo em mim porque, mesmo sem saber, eu permiti. Hoje nossa relação mudou. Ele deve estar irritando-se com outras pessoas..."

Todavia, também acontece de se descobrir abismos irreconciliáveis com as pessoas. Um belo dia, você acorda e leva um susto: o relacionamento estava sob um véu ilusório: pequenas manipulações, chantagens emocionais encobertas pela dinâmica de vitimização e de jogos de poder. A lista de créditos e débitos é assustadora. As gentilezas, em alguns casos, se tornam em medidas de controle e orgulho exacerbados. Se lhe presto favores, você me deve em afeto. Pior: nem reconhece o quanto, mesmo sem que me peça nada, faço por você. Aliás, dediquei minha vida a você! Quando se está em falta com a competência de administrar a própria vida, assume-se a postura de vítima, promovendo dramas homéricos. Os demais e as circunstâncias são responsabilizados pelo que acontece.

Diante de um comportamento prepotente ou onipotente, pode-se reagir, por exemplo, submetendo-se ou rebelando-se passivamente (você critica, mas nada faz para mudar a situação, ao contrário, alimenta-se desse faz-de-conta), permitindo que o outro aja em seu lugar. Os dois lados da moeda – opressor e oprimido – representam ineficácia social.

EXPERIÊNCIA PRÁTICA

Algumas experiências revelam a importância de se minimizar comportamentos indesejáveis e sanar as patologias relacionais, enfrentando as insatisfações de maneira produtiva, com honestidade emocional. Você nunca pode mudar o outro, mas pode interferir no modo de lidar com cada situação. Lembro-me de um treinamento que consistia em trabalhar a atitude de qualidade da equipe. Era inevitável refletir sobre os motivos internos e externos que, segundo a percepção do grupo, causavam dispersão, descontentamento e até mesmo mau humor. Eles foram unânimes em apontar as atitudes do supervisor como abusivas e no dizer deles "grosseiras". De repente, alguém levantou a possibilidade de, sob a minha mediação, convocá-lo para uma conversa franca. Imediatamente os demais protestaram. "Não adianta falar com esse cara." O grupo foi quase unânime em recusar a proposta. "Aqui tudo acaba em pizza." Um colaborador se animou e em alto e bom tom exclamou: "Claro, vocês estão escolhendo ficar de boca fechada e continuar queixando-se no banheiro." De fato, a maioria, inicialmente, optou pela síndrome da reclamação. Reagir com falsa rebeldia (você desdenha, mas não faz proposições construtivas) é um modo de consentir e de adiar as verdadeiras responsabilidades. Resultado: o tempo todo fazemos escolhas.

A fim de promover nossa extensão ao mundo, o requisito básico é aprofundar a comunicação intrapessoal, decodificando, pelos sentidos, nossas reações e condutas. Diante do medo, por exemplo, em vez de perder-se ou de negá-lo, aprende-se a adquirir coragem para fazer a coisa certa. Ante a insensibilidade, aprende-se a identificar e a monitorar cada movimento interno para perceber sentimentos e necessidades.

A grande questão é cessar o jogo de acusações e de vitimização, encarando as conseqüências de nossos atos, da nossa conduta, das nossas palavras. É nos tornarmos, cada dia, mais conscientes de nós mesmos, responsabilizando-nos e apropriando-nos de nosso sistema de valores.

Às vezes, a fim de manter a integridade intocável, somos impelidos a tomar algumas decisões cruciais, como pedir demissão ou propor uma separação conjugal. De fato, antes de tudo, é necessário manter-se fiel a si mesmo, não se permitindo trair as convicções e o respeito próprio. Um compromisso verdadeiro exige que se mantenha fiel a si mesmo.

Não existem receitas mágicas no processo de autoconhecimento. Você não pode impor a ninguém: ame ou sinta alegria.

Somente a autêntica convicção, alicerçada em valores, é capaz de dar sentido ao constante aprender a aprender. Passo a passo, o foco da atenção, anteriormente projetado no mundo exterior, volta-se para o mundo interior. O desafio é contínuo.

A competência de lidar com as pessoas é um convite a abandonar posições de drama ou de prepotência; ao contrário, a proposta é agir com autonomia. Andar sobre as próprias pernas, não admitindo muletas de espécie alguma.

"Minha vida sem ele não tem sentido."
"Esse filho vem na hora certa. É a esperança do nosso casamento."
"Não sei ficar sozinha. Preciso estar rodeada de gente."

Requer também, como já foi dito, cessar a "síndrome da reclamação" – aquelas queixas quando nos sentimos impotentes e só consideramos os aspectos negativos de uma situação.

"Ele é muito desorganizado, atrapalhado. Um horror..."
"Ninguém suporta este cara!"
"Ela é muito centralizadora. Férias não existem no nosso vocabulário. É um estresse permanente."

Há também um tipo de queixas para atrair a atenção do outro. Ou, ainda, quando temos o propósito de evitar um confronto direto (ou a nós mesmos), acabamos nos queixando de tudo um pouco.

EXPERIÊNCIA PRÁTICA

A dificuldade de identificar as próprias necessidades e satisfazê-las resulta da falta de clareza quanto às próprias emoções. Por exemplo, em vez de admitir que se está infeliz no casamento, se repartirão queixas.

"Meu filho anda impossível, insuportável! Não agüento mais lavar e passar. Minha família não tem 'semancol'. Esses vizinhos são insuportáveis. Fiquei duas horas na fila do supermercado." E assim por diante...

Em síntese, conhecer-se é condição para gerenciar o próprio estado de ânimo e, por conseguinte, as relações. Trata-se de distinguir em cada sentimento, as nossas necessidades que nunca podem ser atendidas à custa dos demais.

EXPERIÊNCIA PRÁTICA

O depoimento a seguir enfatiza a mudança de foco: "Eu andava irritada com meu marido porque achava que ele não atendia minhas expectativas. Ao mesmo tempo despendia uma energia incrível procurando agradar-lhe e convencê-lo a ser do jeito que eu o idealizava. Comecei a perceber que na empresa eu também vivia me escravizando para satisfazer as pessoas. Caí no oposto e passei uma fase sendo curta e grossa em todos os meus relacionamentos. De repente, a ficha caiu: ninguém é responsável por meus sentimentos. Eu sou a única que pode atender as minhas necessidades. No final das contas, dá muito menos trabalho cuidar de mim mesma. Ainda não sei qual a medida certa..."

Em vez de fomentar uma "briga de foices", impondo nossas "verdades", aprendemos a reconhecer, igualmente, o processo de individualização dos demais. Admitir que qualquer pessoa tem sentimentos e necessidades e que nós não podemos modificá-los ou transformá-los. Aceitar os sentimentos contraditórios (nossos e dos outros) e as atitudes involuntárias que sabotam nossos esforços. Um bom exemplo é o da pessoa marcada pelo pavor da rejeição, que, de tanto se queixar, promove o afastamento das pessoas, validando o sentimento de rejeição.

A proposta é muito mais desafiadora: se responsabilizar por construir relações autênticas, nutrindo-as de significado. Evitar duas grandes emboscadas: acusar o outro e culpabilizá-lo ou se culpabilizar e se desvalorizar. Abrir mão do desejo de ser aprovado, assumindo o risco de ser você mesmo. Respeitar o meu e o seu querer.

Mas também significa perceber a diferença entre relação e sentimento. "Eu me sinto péssima quando você não retorna meus telefonemas" é muito melhor do que "Você é desprezível e está conseguindo, com seu desprezo, acabar com meu sentimento por você". Eu desaprovo algo que você fez ou deixou de fazer, mas continuo gostando de você. O foco deveria estar sempre no que eu sinto a respeito do que aconteceu, mas jamais sobre considerações a respeito do outro.

EXPERIÊNCIA PRÁTICA

Saber se posicionar com clareza exige um constante aprimoramento. O primeiro passo é parar de julgar e desqualificar os demais, aprendendo a falar abertamente dos próprios sentimentos. Vejamos alguns exemplos:

"Eu acho que nunca havia compreendido que o problema não é a pessoa, mas como eu me sinto com relação ao que ela faz."

"Admiro meu chefe. O problema é que nunca consegui verbalizar o que sinto. Outro dia eu consegui verbalizar o quanto fico desconcertada quando ele me pressiona ou me cobra porque sinto que não confia em mim. O cara ficou passado. Acho que não tinha a mínima noção do que provocava com sua ansiedade. Decidimos fazer um planejamento juntos e agora sinto-me muito mais aliviada."

"O que eu aprendi agora foi prestar mais atenção no jeito de me expressar. Enquanto acuso, o outro revida e me desvaloriza também. Cada um vai remando na direção contrária. Somos marinheiros, mas a relação é o barco que resulta do que fazemos dele."

Além disso, como já foi dito anteriormente, é bom ter em conta que, muitas vezes, o termômetro interior está relacionado ao passado. Não podemos mudá-lo, mas é possível mudar a relação que temos com ele. É necessário reconhecer a carga emocional estimulada no presente que possa ativar pontos vulneráveis de vivências anteriores.

EXPERIÊNCIA PRÁTICA

O relato a seguir fala da importância da mudança de olhar. "Vivi tanta negligência e anestesiei tantas injúrias que só acordei com a depressão batendo na minha porta. Até hoje tenho medo de o pesadelo recomeçar. Então, a maior chave é me lembrar de que o presente não é forçosamente uma repetição infalível do passado. Quando sinto muita angústia e a velha sensação de encolhimento súbito, saio para caminhar ou pratico ioga e finalizo com uma meditação. Estando mais calma, fica muito mais fácil arrumar a bagunça interna."

Ao mesmo tempo, descobrimos que não temos acesso a todas as causas de nossas feridas primitivas. Por isto, é saudável renunciar à imposição de nossas crenças e certezas. É também essencial reconhecer os limites de tolerância e intolerância (nossos e dos demais). Em suma, cada pessoa tem sua escuta interna, sua riqueza de possibilidades e de histórias, de trilhas enigmáticas que transformam nossa vida.

Crescemos em meio às divergências. Portanto, além de apropriar-se da própria individualidade, é fundamental evoluir com as dessemelhanças. Você já encontrou dois pássaros idênticos? Afinal, o que é melhor, um prato de comida quando se está com fome ou um copo de água quando se tem sede? O que é mais importante, os rins ou o fígado? Nem uma coisa, nem outra. Todas as formas de existência são indispensáveis. Cada uma delas cumpre seu papel. A terra não teria brilho sem a luz do sol. As roupas permaneceriam úmidas no varal, nossas feridas não secariam. Mas se a noite não existisse nunca desfrutaríamos do brilho das estrelas e das noites de luar.

Imagine se não houvesse as pessoas que movem o mundo com suas ações. Que seria se não existissem aquelas que só com sua presença nos acalmam? E se todos fossem impetuosos e nunca nos precavêssemos? E se não houvesse quem compreendesse a dor humana, inspirando-nos a nos colocar um no lugar do outro? E se ninguém discordasse de nada? Seria possível crescer sem a diversidade humana e biológica? Ao compreender o lugar e o valor intransferíveis de cada existência, sua visão transforma-se: em vez de olhar sob um mesmo prisma, você enxerga tudo através de um caleidoscópio. Aí, então, a ação renovadora acontece. Somente quando a conveniência é suplantada pela convivência se estabelece uma comunicação genuína e transformadora.

O diferencial

É NOTÓRIA A tremenda dificuldade de se perceber e de dar o devido valor à diversidade de expressão. A primeira pergunta realizada em nossos treinamentos de Fala Criativa é a seguinte: Como você identifica seu diferencial de comunicação? Em seguida, aponte as aptidões que considera essenciais em um comunicador.

EXPERIÊNCIA PRÁTICA
Às vezes é surpreendente o resultado de um breve treinamento. Lembro-me de uma psicóloga, profissional extremamente capaz, que se queixava da timidez como fator limitador. Podia falar com até, no máximo, cinco pessoas; mais que isso, intimidava-se e o pânico causava-lhe um branco absoluto. Seu traço fundamental era criar muita empatia, percebendo com nitidez o que os demais sentiam.

No primeiro dia, ela confessou que seu modelo de orador era um colega de trabalho. Solicitei que descrevesse suas qualidades. Em vez das qualidades emocionais, era dotado de um intelecto aprimorado: claro, objetivo, concatenava as idéias com espantoso domínio da mente.

No segundo dia, eu solicitei que fizesse uma exposição sobre um tema que a motivasse. Sua reação inicial foi procurar uma linha de raciocínio bastante coerente. Ela permanecia imóvel até que, pouco a pouco, foi perdendo qualquer coerência.

Seu problema não era o medo de fracassar, mas a vergonha de se imaginar exposta era tamanha que repensava a própria identidade. Para minimizar o desconforto, distanciava-se de si mesma e de sua autêntica expressão, agarrando-se a algum modelo.

Sugeri que esquecesse a exposição formal e que se imaginasse na cozinha de casa com uma pessoa próxima que não tivesse noção alguma do assunto. Criamos uma situação de intimidade, olho no olho.

Quando conseguiu uma imersão total na experiência, a tonalidade da voz coloria o ambiente. A tensão inicial se dissipou dando lugar a uma fluência coesa do verbal e do não-verbal. Seguiram-se poucas sessões. Em tempo recorde, recebeu alta do treinamento.

Dois aspectos foram decisivos. Havia um sentido maior que estava por trás daquilo tudo: compartilhar conhecimento. Ao mesmo tempo, o grande *insight* aconteceu quando percebeu que jamais poderia imitar um modelo. Não é possível comparar o que não é comparável: uma pessoa a outra. Muito pelo contrário, faltava-lhe reconhecer o que tornava singular sua comunicação.

É primordial conhecer o modo de operar. Uma pessoa com um perfil mais emocional, jamais deverá abrir mão do que é genuíno: o notável desempenho natural de gerar empatia e de mover-se, por meio das emoções, com desenvoltura e espontaneidade. O apoio racional necessário é decorrente da correta administração dos estados emocionais. Uma vez mais, a chave é conhecer-se. Aprimorar-se, sempre, moderando intensidades e desorganizando inibições.

EXPERIÊNCIA PRÁTICA

Uma consultora nos deu o seguinte depoimento: "Por mais que eu prepare minhas apresentações com uma seqüência bastante lógica e coerente, na hora do vamos ver, o que vale é o meu sentimento que funciona como um instinto. Vou sendo conduzida por minha percepção, nitidamente emocional, e dá tudo certo. O problema é que quando termina, eu fico me questionando, mas eu sei que na hora tudo é muito redondo." O importante é cada pessoa compreender como pode dar o melhor de si, valorizando seu potencial e fortalecendo a autoconfiança.

Ao aguçar a autopercepção, poderá cuidar das sutilezas que vão, de forma indireta, intervir no bem-estar de todos, respeitando o ambiente mental e físico, apropriados para uma conversa. Além disso, se tiver em conta as inteligências múltiplas, se lembrarão de que para cada um de nós a vida faz sentido de um jeito diferente.

As variadas maneiras de perceber representam motivações específicas. Você pode, por exemplo, ser uma pessoa tímida, ciente do mundo interior, porque desenvolveu a inteligência intrapessoal que representa o autoconhecimento. É muito provável que goste de trabalhar sozinho. Entretanto, o bem-querer em relação às pessoas e o desejo de dividir com elas conhecimento e experiência pode mobilizá-lo a expressar-se. Indiretamente, estará favorecendo a inteligência lingüística e interpessoal.

Por outro lado, lembre-se de que toda comunicação se beneficia quando aguçamos os sentidos. Exemplo disso é o efeito de usar imagens mentais que traduzem o sentido das coisas, comparando-as ou sintetizando-as. Aguçar a imaginação equivale a manter acesa a curiosidade infantil. Modular a voz enriquece e aviva a conversa. A expressão corporal, por sua vez, determina a fluidez e a coesão da sua expressão. De fato, à medida que emprega vários recursos, como raciocínio lógico, sensibilidade, bom humor e criatividade, você cativará mais a atenção das pessoas.

Certifique-se, sobretudo, de que os demais o entendem. O significado da comunicação é o que o outro entende, não o que nós dizemos. Assegure-se, acima de tudo, de que compreende os demais. O desafio é, em vez de impor, propor opiniões tendo em conta a abundância dos diversos pontos de vista. Integrar, em seus relacionamentos, a predisposição incondicional para perceber as particularidades.

Essa situação é ainda mais delicada quando se ocupa um lugar de liderança. Quem se comporta de maneira autoritária, nunca consegue ter uma equipe satisfeita. O verdadeiro líder se preocupa em motivar, orientar e alinhar as equipes. Alguém disse: "O homem é um entrelaçar de relações." Isso é o que importa. Portanto, a grande aprendizagem é aprimorar sua habilidade de se comunicar.

O mesmo acontece no ambiente familiar. As bases da convivência – direitos e deveres – são iguais para todos os filhos, mas cada filho exige dos pais um estímulo diferente, uma abordagem diferenciada. Dito em outras palavras, a maneira de se expressar, de dialogar e de se fazer entender não pode ser padronizada; ao contrário, deve se adequar a cada um.

EXPERIÊNCIA PRÁTICA

O relato a seguir é um bom exemplo da necessidade de adequação: "Eu tenho duas filhas. A mais nova, que tem 18 anos, é muito madura. Ela sabe o que quer e é super-responsável. Às vezes percebo que preciso pegar mais leve porque ela já é muito severa consigo mesma. Já a outra, que tem 22 anos, só pensa em viajar. Durante algum tempo eu banquei suas viagens pelo Brasil. Tive que colocar limites. Ou seja: é como se eu necessitasse aprender a ser uma mãe diferente para cada filha."

Verifique, também, se não forjou uma imagem de si mesmo que não corresponde, muitas vezes, ao que de fato é ou manifesta. Entre a auto-imagem e a imagem pode haver uma lacuna que necessite preencher. Primeiro, você não é essa imagem, mas interage por meio dela. Em segundo lugar, pode sentir uma coisa, pensar outra e, finalmente, expressar algo bem distinto. O descompasso é ainda maior quando se abre mão das características que lhe são peculiares em prol das expectativas alheias.

EXPERIÊNCIA PRÁTICA

Podemos observar, durante os treinamentos, a diferença entre engessamento e naturalidade de expressão. Vejamos alguns depoimentos:

"Eu gostei do jeito dele falar, muito espontâneo e totalmente envolvido com o que dizia. Na primeira rodada ele falou da boca para fora como se estivesse preocupado em seguir um roteirinho..."

"A sensação que tive, logo no início, era que eu tentava reproduzir um modelito organizacional: ostentação, peito estufado, frases complexas e coerentes. Depois percebi que, à medida que sou mais verdadeiro, é tudo mais prazeroso e as pessoas acabam se motivando com o meu próprio entusiasmo." É fácil confundir a unidade necessária na comunicação organizacional com um formalismo excessivo que inibe a espontaneidade das pessoas.

"Nós queremos um curso de gramática e não de criatividade porque o problema da nossa equipe de jornalistas é adequar-se ao padrão exigido pela empresa." Justamente, o que nossos consultores puderam constatar, muito além dos aspectos formais de linguagem, era a falta de originalidade nos textos. Sem criatividade é muito difícil encantar o leitor/interlocutor.

Em suma, é básico conhecer seu perfil de personalidade, a forma particular de perceber, de ouvir (ou não), de sentir, enfim, de comunicar-se. Assim você poderá ajustar o descompasso entre aquilo que quer dizer e o que, de fato, expressa; entre o que os demais falam e o que é capaz de escutar. O primeiro passo para interagir adequadamente é se apropriar da sua expressão.

O espelho da humanidade

EM QUAIS SITUAÇÕES você dá o melhor de si? Com quem gosta de conversar e por quê? Que tipo de pessoa consegue arrastar seu estado de ânimo a ponto de descontrolá-lo? De que maneira tenta esquivar-se de certos assuntos ou pessoas? Por que razão? Qual o diálogo interno quando depara com os aparentes adversários? E com os amigos?

Cada um desenha um leque de preferências e de aversões. Se for senso comum que os semelhantes se atraiam, também os opostos se encontram na primeira esquina. Você já reparou que algumas pessoas vivem aparecendo mesmo contra sua vontade? Se apreciar uma conversa sem altos questionamentos, vão surgir intelectuais. Se preferir grandes debates dialéticos, encontrará indivíduos que preferem "jogar conversa fora". Se pagar para não brigar, certamente pessoas desafiadoras tirarão seu sossego. Se não gostar de receber ordens, vão tentar impor-lhe opiniões. Enquanto não administramos com desenvoltura o poder sobre nossa vida, seremos confrontados com os abusos ou com a falta de autoridade interna. Somos expostos à intensidade ou à negação emocional, à rigidez ou à dispersão mental, aos exageros ou ao descaso.

É muito comum ouvir queixas sobre o perfil do professor, do pai, do parceiro, do chefe. Parece que, se mudasse de interlocutor, os problemas cessariam. Muda-se de grupo, de trabalho, de amigos. A saída muitas vezes é buscar outro lugar. Novas pessoas, depois do namoro inicial, acabam despertando os velhos dissabores. Muda-se, uma vez mais, procurando novas experiências, mas, logo em seguida, a mesma dinâmica se reproduz. Você se acompanha o tempo todo. Leva consigo sua história. A única maneira saudável de crescer é fazer as pazes com ela.

EXPERIÊNCIA PRÁTICA
Uma aluna nos dá um depoimento sobre a importância de moldar os estados de ânimo. "Lembro-me de que durante alguns anos evitei todo tipo de relacionamento com pessoas autoritárias. Isso se repetiu, durante muito tempo. Quanto mais as evitava, mais apareciam em minha vida. Eram situações de terror. Eu caía fora – antes que me paralisassem. Um dia, entendi que precisava de apoio para modificar o curso das emoções. Fui fazer terapia e arregacei as mangas. Hoje, diante de uma situação de desconforto, sei que vou descobrir uma possibilidade de ser melhor. Já não tremo mais na base. Estou mais segura e satisfeita comigo mesma."

Aprendemos com a diversidade humana. Quem lhe dá ojeriza, quem sabe vai surpreendê-lo. Aquele que, por temor de perdê-lo, nunca ousa contradizê-lo, ainda não compreendeu que ser honesto emocionalmente é a mais sólida ação amorosa. Aprenda com quem lhe diz *não*. Aceite, pode ser fruto da coerência consigo mesmo. Quem nunca diz nada, talvez mantenha a crença de ser compreendido sem o esforço de expressar-se com clareza. Quem só concorda, renuncia, muitas vezes, a si próprio para não desapontar as expectativas alheias. Quem lhe provoca arrepio, tirando o sono e as coisas do lugar, às vezes está apenas intensificando um desconforto já existente. Quem vive irado, talvez só evite a si mesmo. Aquele que zomba, talvez sofra mais do que você. Aquele que mente, só engana a si próprio. Quem não sente, ainda não aprendeu a sentir e, no fundo, talvez esconda uma enorme vulnerabilidade. Quem sabe o desejo de tudo controlar ensine o exercício adequado da autoridade interna. Você é impelido a deformar registros de medo e de submissão, de orgulho e prepotência. Se for alvo de projeções, saberá que deverá ajustar, dia a dia, o relacionamento, compartilhando sentimentos verdadeiros. Talvez, ainda, perceba nas zonas de intolerância porções obscuras que deposita à sua volta.

EXPERIÊNCIA PRÁTICA

O relato de um aluno é bastante elucidativo: "Eu costumava evitar conversar com pessoas 'medrosas'. Eu as julgava demasiado lerdas, omissas, teimosas. Com o passar do tempo, descobri o porquê de tamanha repulsa. Eu costumava exceder-me, desrespeitando-me e desrespeitando os demais porque queria impor a todas as pessoas meu ritmo alucinante. Em segundo lugar, absolutamente obstinado, não queria abrir mão da minha própria teimosia. Por fim, como poderia suportar uma pessoa reconhecendo seus medos, quando eu sofria, sem saber, do medo do medo? Foi necessário que eu caísse em depressão para compreender tudo isso. Ou seja, em vez de repudiar as pessoas depressivas, hoje me reconheço em cada uma delas."

Às vezes, pretende-se escolher uma parcela da relação: *Isso eu gosto e isso eu não gosto*. Pode-se descartar ou ignorar incongruências, interpretando a conduta do outro em função das vivências pessoais. Mas é incongruente aquilatar os sentimentos alheios com base na nossa realidade interna. Você só pode intervir no seu estado de ânimo e no sistema particular de crenças e valores. Mudar é crescer na pluralidade. Implica, livre de preconceitos e das verdades tão meticulosamente engendradas, aceitar e compreender a experiência alheia.

Imagine que não entenda a sensibilidade olfativa de alguém. Suponhamos que, por um dia inteiro, trocasse de papel com essa pessoa, hipersensível aos odores. Você sentiria náuseas no elevador por causa dos perfumes, enjôo no restaurante devido às frituras, incômodo no trabalho pelo cheiro do carpete e mal-estar em meio à multidão – graças ao festival de odores de toda ordem. Será que depois dessa experiência seria capaz de manter o mesmo ponto de vista?

EXPERIÊNCIA PRÁTICA
Uma aluna fala sobre sua forte sensibilidade auditiva. "Eu sei que muitas vezes me torno uma pessoa chata, mas é que realmente passo mal em alguns ambientes. Lembro-me de quando fomos numa lanchonete, meu namorado e eu. Era tudo lindo e o lanche delicioso. Só que quando eu saí, eu chorava de tão transtornada que fiquei com o barulho do lugar. Hoje eu evito certos ambientes, mas também percebi que não tenho direito de espalhar meu desconforto." Se você não está à altura de mudar uma resposta biológica, ao menos é possível deixar de brigar com o fato em si e interferir na duração de uma resposta emocional.

Em vez de refutar as discrepâncias, flexibilizar nossa visão de mundo. Colocar-se no lugar dos demais é um exercício de humanidade. E, assim, passo a passo, é possível desorganizar aversões e apegos.

Aprendendo as diferenças

A grande metamorfose acontece quando nos apropriamos de nossa autonomia, tornando-nos responsáveis pela satisfação de nossas necessidades. Levamos certo tempo para discernir o sentido que damos aos acontecimentos. As reações comportamentais são decorrentes das interpretações que, por sua vez, são determinadas pelas experiências emocionais. Por isto, é tão importante falar só de si. Ao mesmo tempo, em vez de negligenciar, aceitar a vivência alheia. Em vez do monólogo, propor o diálogo.

Diante dos conflitos e do sofrimento, podemos revelar nossas possibilidades inatas e inexploradas. Evoluímos quando identificamos contradições inerentes à realidade, também quando observamos o que temos em comum, criando um fluxo de significados. Em meio à diversidade, o grande desafio é transformar cada situação inesperada e cada relacionamento em oportunidade única de crescimento. Podemos também aproveitar nossas relações para acolher e partilhar testemunhos.

Dica

Quando for a uma livraria, vá a uma seção à qual jamais iria. Escolha um livro sobre um assunto bem diferente. Se nunca se interessou por ficção, prove. Do mesmo modo, ouça um CD que nunca compraria. Se gostar de roupas escuras, experimente usar tons pastel. Caso seu forte seja comer carnes, consulte alguém que vai lhe indicar um bom restaurante naturalista. Mude a marca de xampus. Leia uma revista que nunca leu. Olhe para tudo como se fosse a primeira vez. Surpreenda-se!

Vá, por exemplo, a algum espaço que se dedique à espiritualidade. Caso seja católico, vá a um templo budista. Se for evangélico, visite um centro de candomblé. Se for iogue, experimente participar do ensaio de uma escola de samba. Você pode, inclusive, provar atividades que não entram em seu rol favorito: escalar montanhas, surfar, pular muro, subir em árvores, aprender a afinar um instrumento, aprender um idioma, dar cambalhotas, entrar numa escola de circo, cortar grama, cultivar plantas, escrever.

Imagino que essa sugestão vá surpreender a cada leitor de alguma forma. Interessa-me que experimente comungar com outras pessoas sem preconceitos ou estereótipos. Não é preciso abrir mão de seu sistema pessoal de valores, mas você pode exercitar a capacidade de conviver com a diversidade humana, respeitando cada sistema, cada cultura, lidando com o indivíduo como indivíduo.

Falar na medida justa!

Capítulo II

Conversa de surdos

HÁ SITUAÇÕES HILARIANTES, e a única certeza é que nunca deveríamos ter entrado nelas. Isso ocorre diariamente. Você pensa que diz uma coisa, o interlocutor está certo de que ouviu uma segunda e cada um responde interpretando a interpretação do outro. Algumas ocasiões é como montar um grande show com dois espetáculos simultâneos: o que acontece aparentemente (sempre diferente para cada interlocutor) e a dinâmica interna que pode não ter nada a ver com a situação externa. Revivemos lembranças e conflitos remotos que permaneciam submersos. De repente, despejamos sobre as pessoas o que estava guardado, o que um dia não soubemos expressar aos pais, aos amigos e aos desconhecidos.

Tal como já foi comentado, projetamos sobre as pessoas o roteiro inacabado da própria vida. Qualquer circunstância acaba despertando velhos fantasmas adormecidos. Imagine, por exemplo, ter levado um tremendo susto, quando pequeno, com um homem de barba e gravata escura. O tempo passou e apagou essa lembrança da memória consciente. Hoje, reaparece diante de você o mesmo tipo físico. É muito provável que tenha uma atitude irracional. Basta aparecer uma barba e uma gravata que o alarme soa e dispara a inquietação. A partir de um acontecimento qualquer, uma ferida primitiva pode ser reativada de forma surpreendente, sem que tenhamos acesso a uma compreensão exata do que está acontecendo.

Vamos supor que, devido à história pessoal, você necessite ainda se sentir valorizado pelo que faz e, por conseguinte, busque comprovação de seu valor. Entra em cena um personagem que tem a obsessão de não ser abusado, nem cobrado por ninguém. Aí você, com ares de insatisfação, cobra dele maiores regalias e reconhecimento. O resultado é óbvio: ele vai deduzir que você é folgado e prepotente; você, por sua vez, se sentirá ainda mais desvalorizado. A reação é defender o próprio território e reforçar os mesmos padrões. Responda: se ambos falaram consigo mesmo, quem falou com o outro?

Vejamos mais um exemplo. Imagine alguém que vive em função das pessoas porque seu sentido de existência se baseia em tornar-se imprescindível. Para garantir essa dinâmica, estará sempre pronto a ajudar. Em resumo, cria dependência emocional, tentando ser retribuído em afeto. A vida sabiamente o colocará diante de pessoas que se acomodam à sombra dos esforços dos demais. Um sempre estará cuidando, procurando suprir necessidades, e alguém as receberá de bom grado. Um nutrirá o outro, até que, por ironia do destino, um belo dia, algo saia do lugar.

EXPERIÊNCIA PRÁTICA

Uma cliente fala de sua experiência de boa samaritana. "Acolhi uma amiga. Achei superlegal ter companhia e nos comportávamos como se fôssemos uma família. Fizemos alguns trabalhos juntas e ela entendeu que eu – literalmente – tinha obrigação de arcar com todas as suas despesas. Quando decidi que já não queria mais que vivêssemos juntas, ela caiu em depressão. Acabei sustentando a história por mais um ano. Resultado: continuei bancando tudo. Hoje percebo que esse papel de boa samaritana era resultado das minhas carências. Ela, por sua vez, só reforçou o padrão de viver à custa dos outros." Dessa maneira, constroem-se infindáveis enredos, cordões emocionais que aprisionam as pessoas mutuamente. Elas conversam (consigo mesmas), acreditando fazer-se entender. Mantém-se a particular seleção auditiva, ouvindo o que se quer e interpretando como convém aquilo que se ouve.

Enquanto não se aclararem as reais motivações e interesses, se viverá à mercê dessas respostas inconscientes. Um falará à surdez do outro. O resultado é uma farta produção novelesca de argumentos mentais e emocionais convincentes. Nada vai mudar se não nos dispusermos a ouvir com o intuito de compreender. Escutar é ir ao encontro do âmago. É sentir, estar com alguém, lembrando-se de que, na maior parte do tempo, o que importa é a qualidade da minha presença. É renunciar, provisoriamente, ao desejo premente de responder, reagir, apropriar-se do que o outro diz para impor minhas necessidades, temores e opiniões. É também evitar passar a limpo as próprias projeções.

Os registros da sentinela emocional aí permanecerão. Não existe uma maneira lógica de atualizar os dados da memória. Contudo, é possível, diante dos sobressaltos, aprender a acalmar-se e a atuar com discernimento. Para tanto, é preciso, por meio da autoconsciência, desenvolver a autopercepção, codificar e decodificar sensações, imprimindo novas ações.

EXPERIÊNCIA PRÁTICA

O relato de uma parceira da **Casa da Comunicação** é um bom exemplo da importância da atitude. "A enxaqueca durou uma semana. Se eu for dar nome aos bois, tenho de reconhecer a minha própria inabilidade em lidar com imprevistos e com certas circunstâncias emocionais. A responsabilidade do meu destempero e do meu temperamento ansioso é só minha. Quando melhorei da dor de cabeça, percebi que eu estava superestressada. Aquela sensação de estar novamente me distanciando de mim era avassaladora. Passei a dormir e a acordar ainda mais cedo. Dupliquei as caminhadas, enfim, foi meu jeito de estar mais tempo comigo mesma. Toda ajuda externa é bem-vinda, mas, parafraseando você mesma, somente a minha própria atitude pode mudar o horizonte de possibilidades."

Conversa tagarela de mudos

ALÉM DA CONVERSA surda é importante fazer o levantamento da conversa muda. A tagarelice mental que desenha um duelo constante, corroendo a vontade de viver. Esse atropelo de pensamentos pode instaurar-se quando, continuamente, não se atende às necessidades íntimas. Vai formando-se um novelo, como se se atraísse todo tipo de situação que reforça a permanente insatisfação.

As variáveis são inúmeras. Delimita-se uma trajetória emocional diante de cada situação. É possível, no caso da raiva, por exemplo, nutrir um excessivo julgamento contra si mesmo, bloqueando a percepção do que se considera inaceitável. Pode-se estrangular a raiva, submetendo-se às privações a ponto de causar irritação crônica, gerando constantes críticas.

EXPERIÊNCIA PRÁTICA
O relato a seguir é de uma aluna. "Juro por Deus que eu nunca me senti tão humilhada. Eu era motivo de deboche e de crítica permanente. E suportava tudo com falsa resignação porque, no fundo, assumi como verdadeira a projeção dele. Cheguei a ter vergonha de mim mesma. Fui me encolhendo até encarar o sentimento de vergonha e de humilhação que já preexistia. Só quando passei a me enxergar e a me dar valor tive coragem de dar um basta nessa relação doentia. A separação acabou sendo um grito de liberdade e do resgate do melhor de mim." Uma separação pode significar evoluir em seus sentimentos e abrir-se para uma maior independência. Ou seja, uma possibilidade de esclarecer seu posicionamento na vida.

É fundamental rever a atitude mental para conosco e também para com os demais. Vamos imaginar uma família. O marido se realiza com um modo de vida tranquilo, procurando não se desgastar com afobações e pressas. Por isso, no final de semana ou nas férias, vai preferir o sossego, pouca atividade, privilegiando momentos de intimidade e de silêncio. Para ele, quanto menos a vida exterior parece mudar, tanto mais ele se modifica.

Suponhamos que a mulher, ao contrário, prefira o não-explorado, tudo aquilo que causa surpresa. Para ela, a grande satisfação está em viver novas experiências. Por esse motivo, toda ocasião é propícia para desbravar o desconhecido. Enquanto o marido não quer sair, ela está sempre desejando conhecer pessoas e promover atividades sociais diferentes. O marido quer descansar sexta à noite e a mulher prefere ir ao teatro.

Nesse caso, ambos podem persistir em considerar o outro uma ameaça e, portanto, a razão de sua insatisfação. A tendência será aumentar ou diminuir o volume de suas inquietações. Se forem movidos pelo sentido do dever, irão privar-se, criando uma distância entre eles cada vez mais impenetrável. Como será a conversa do casal?

As freqüentes privações edificam um berço esplêndido para a raiva. Um belo dia, ninguém pode esquivar-se dela. É possível "suspender" muitas emoções, mas a raiva é difícil de camuflar por muito tempo. Ela vai, paulatinamente, corroendo a paz de espírito. Qualquer coisa incomoda. Tudo perde sentido. Quando a raiva toma proporções abissais, além de promover agressividade "gratuita", rouba-nos o interesse e a motivação.

EXPERIÊNCIA PRÁTICA

As relações íntimas podem representar um pano de fundo propício ao crescimento ou ao "não-dito" que cimenta a vida das pessoas. "Demorei quase trinta anos para descobrir o real papel das minhas emoções. Mas minha mulher parece que parou no tempo. Hoje, quando chega sexta-feira, eu quero ir para a praia, pegar uma estrada e viver tudo que tenho direito. Minha parceira, ao contrário, vive enfurnada no apartamento, trabalhando de segunda a segunda. Eu acabo assumindo uma rotina que nada tem que ver com meu momento. Às vezes penso que eu deveria cair fora desta relação e cuidar da minha vida. Mas não tenho coragem de abandoná-la porque sei que ela tem mais a perder do que eu." A essa altura do relacionamento que comunicação é possível? Nossa mudez ou tagarelice continuará enquanto considerarmos o mundo exterior responsável por nossas frustrações; qualquer coisa a todo instante pode causar insatisfação. Segundo Dalai Lama (2000a), a insatisfação é a semente da raiva. Para ele, estamos sujeitos às leis da existência e nossa responsabilidade é mudar de atitude diante das coisas e dos acontecimentos.

Trocando em miúdos

FALAR À TOA, falar de menos, não falar, falar de qualquer jeito, falar demais, afinal, por que falar? "Se ele falasse mais comigo..." "Se ela cobrasse menos..." "Se ele não tivesse me decepcionado tanto..." "Eu fico sem saber o que ele quer de mim". Enfim, as expectativas e promessas não atendidas e a falta de comunicação entre as pessoas acabam fortalecendo os laços de carências mútuas. Nas palavras de Salomé e Galland (1999, p. 65): "As necessidades cuja satisfação não me pertence tornam-me dependente. Cria-se, então, um laço, um apego, quando vejo no outro a resposta a minha necessidade."

De alguma forma, estamos sempre projetando no outro a satisfação das nossas necessidades. Esse aprisionamento é um modo de fugir de nós mesmos, tornando alguém e as circunstâncias externas responsáveis por nossa infelicidade. Por outro lado, também vamos tateando as zonas mais frágeis do inconsciente, dizendo muitas vezes *sim* para não desagradar. Deixamos de dizer *não* para evitar conflitos, mesmo que isso represente trair a nós mesmos. Sentimo-nos, tantas vezes, impelidos a atender a demanda afetiva e a responder às expectativas alheias. Pior: toda vez que estamos em falta com nós mesmos, sem perceber, fazemos alguém pagar por nossa omissão. A única forma de restabelecermos o auto-respeito é resgatando a fidelidade com nós mesmos. Representa clareza de convicções, coerência entre sentir, pensar, agir e se expressar.

Em raras ocasiões paramos para refletir sobre a natureza de nossas conversas. Esquecemos que por trás da comunicação persistem as projeções. Sempre reagimos de acordo com nossa interpretação. A única forma sadia de evoluir é, portanto, rever nossas crenças. Ao mesmo tempo, é imprescindível não abrir mão do meu querer quando isso coloca em risco a minha dignidade. Nem faz sentido impor o meu querer e pretender juntar nossos sentimentos, diminuí-los ou acrescentá-los.

É aceitando a vivencia do outro – e não fazendo-a minha – que reencontro a essência da comunicação. Só podemos compartilhar diferenças. Testemunhando, deixando o outro testemunhar a verdade dele, deixamos lugar para o respeito na partilha. (Salomé e Galland, 1999, p. 114)

A comunicação entre as pessoas está intimamente relacionada à comunicação intrapessoal que eu abordo no meu livro *A educação do querer* (Di Nizo, 2007). A capacidade de entrar em diálogo com distintos aspectos de nós mesmos, nos dá o entendimento da nossa singularidade, dos nossos múltiplos quereres, das nossas necessidades, limites e possibilidades. É uma constante aprendizagem reconhecer as zonas de intolerância, lidar com o impacto das mensagens, manter a escuta, a atenção, compreender, compartilhar. Identificar o perfil de comunicador. Reconhecer tanto os limites, quanto os aspectos que restringem a expressão, tais como a tagarelice e o retraimento, que impedem a abertura necessária para dialogar.

Mas por que falar tanto?

HÁ PESSOAS que *falam mais que a boca*. Atropelam-se com seus pensamentos. Dão a sensação de serem bombardeadas por idéias incessantes, simultâneas, atreladas a um turbilhão contínuo. A velocidade do pensamento parece maior que a capacidade de falar e de expor as idéias. Em certas ocasiões, essa rapidez mental traduz uma grande criatividade. O risco é abrir muitas janelas sem concluir o pensamento ou sem permitir que o interlocutor acompanhe o assunto passo a passo. O desafio é ser coerente, e manter um discurso com começo, meio e fim.

A tagarelice pode denotar dispersão mental. De fato, a velocidade do pensamento não pode jamais se ajustar ao verbal, que é seqüencial e linear. Imagine uma árvore. Um tronco representa uma idéia principal. Quando a pessoa vive essa urgência interna de falar sem parar, em vez de discorrer sobre um único tema, ela dispara muitos temas simultaneamente. Uma sentença leva a outra e em fração de segundos a árvore está repleta de troncos, galhos, frutos e flores. Em vez de começar a conversa pela maçã em fração de segundos temos Eva num pomar, suco e torta de maçã, sem falar da maçã do rosto rosada, da maçã do amor e de um rosário infinito de associações possíveis.

EXPERIÊNCIA PRÁTICA

Uma aluna relata a dificuldade em ser mais objetiva: "Quando tenho de apresentar um projeto fico perdida porque nunca consigo discernir o que é mais importante. Eu quero ser tão clara que me perco nos detalhes. O pior é quando olho a platéia e parece que todo mundo está 'boiando'. Meu chefe disse que abro um monte de janelinhas e acabo deixando a metade aberta. Sinto que nem eu mesma consigo acompanhar minha rapidez mental." O treino da atenção, um dos temas do meu livro *A educação do querer* (Di Nizo, 2007), é vital para minimizar a tendência à dispersão. Isso representa, em termos práticos, não apenas se manter concentrado naquilo que se está fazendo, como também a habilidade de foco em situação de comunicação. Sustentar um fio condutor coerente, percebendo o que acontece consigo e à sua volta.

Algumas pessoas, durante os treinamentos, queixam-se porque, em certas ocasiões sociais, terminam exaustas, têm a sensação de cansar os demais e, ainda por cima, voltam para casa com um desconforto tremendo. *Às vezes percebo que não deixei ninguém falar. Já aconteceu de eu deixar alguém e ligar para a pessoa porque tive a sensação de ter deixado ela zonza. Vivo atropelado com tantas idéias; empolgo-me e depois acabo estressado.*

Falar demais impede o equilíbrio entre ação e repouso. Há um desperdício permanente de energia vital, a tal ponto que é possível confundir essas perdas energéticas com desânimo. Lembre-se, nossa nutrição depende não apenas de alimentação equilibrada, mas também de oxigênio e da troca estabelecida com o meio ambiente. Estar o tempo todo voltado para fora, falando sem parar, pode promover um desgaste similar à sensação de carência ou de fatiga.

Acontece também de as pessoas acharem natural falar muito em forma de desabafo. Existe a crença de que nas relações mais próximas, tudo pode ser dito. A tendência é despejar sobre o outro o volume ensurdecedor das nossas inquietações, dúvidas, cóleras, privações e idéias fixas. A conversa se transforma em monólogo, sem o menor constrangimento. O interlocutor tenta, em vão, intervir. A pessoa corta o discurso e repete tudo de novo. O ouvinte termina, em alguns casos, com a sensação de ter sido arrastado por um caminhão de lixo.

EXPERIÊNCIA PRÁTICA

Uma psiquiatra dividiu conosco suas impressões: "É interessante notar que o temperamento ansioso pode gerar tanto retraimento como tagarelice. Mas, certamente, quem fala demais é por ansiedade ou compulsão. A pessoa simplesmente despeja a montanha de letras que estão dentro da cabeça. São assuntos emendados uns aos outros, sem muitas idéias. No caso da compulsão, ela repete o mesmo texto. Aí eu tento dar um *feedback* e sou interrrompida para escutar a história. É um comportamento de fuga, de quem não quer escutar. Já a pessoa prolixa, diferente do padrão da tagarelice, não emenda um assunto no outro. Ela mantém o pensamento coerente. O problema é que se perde nos detalhes e tudo vira um simpósio."

O falar *mais que a boca* pode denotar uma excessiva distração. É fundamental saber até que ponto essa tendência à distração não é decorrente de problemas neurológicos. No caso, por exemplo, do distúrbio de déficit de atenção, a deficiência no sistema de filtragem da parte inferior do cérebro pode provocar tanto o retraimento como a hiperatividade.

Imagine viver sem placas de trânsito, sem conseguir prestar atenção seletiva ao que lhe cerca. Alguns vão se retrair diante da gama de estímulos que não conseguem selecionar, enquanto outros sentirão a falta de incentivo. Em comum, todos vão relutar em discriminar e em descartar os estímulos sensoriais irrelevantes, sentindo-se continuamente bombardeados, suscetíveis à distração.

Esse tipo de disfunção dá à pessoa a sensação de que tudo se passa ao mesmo tempo. Ela se sente incapaz de conter a agitação verbal, de deter os pensamentos e até de encontrar as palavras, podendo apresentar gagueira. Dificilmente consegue ouvir, entender as fronteiras dos demais e aceitar qualquer tipo de freio.

Como estabelecer limites? De que maneira lidar com uma coisa de cada vez e articular a expressão de forma adequada? Quando as causas são neurológicas, é necessário aceitar apoio externo para melhorar o desempenho na vida.

Entretanto, nem toda agitação verbal é proveniente de déficit de atenção. Como já observamos anteriormente, a sensação de receio e apreensão permanentes (ansiedade), bem como a tendência à repetição (compulsão) reforçam a tendência à verborragia. O hábito da intensidade, como, por exemplo, o de exacerbar conteúdos emocionais, também influencia o excesso no falar e discutir. Tudo e todos podem, continuamente, excitá-lo. Como veremos no relato a seguir, uma boa notícia acaba se tornando motivo de tamanha euforia que a pessoa desanda a falar sem parar.

EXPERIÊNCIA PRÁTICA
"Estou, justamente, trabalhando a minha tagarelice na terapia. Levei umas anotações para não perder o foco. Comecei contando a minha empolgação com as

coisas boas que aconteceram durante a semana e, de repente, o terapeuta me interrompeu e me chamou a atenção porque já fazia meia hora e eu ainda não falara do que trazia anotado."

Em alguns casos de exageradas manifestações emocionais, parece que a pessoa se espalha em todas as direções, atordoando e se exaurindo, despejando, numa velocidade única, um rosário de lamentações ou de críticas. Perdem-se os limites e avançam-se os faróis e atropela-se o tempo. Resultado: ninguém consegue manter a escuta.

EXPERIÊNCIA PRÁTICA
Certos abusos de manifestações emocionais geram desassossego no campo emocional coletivo.
"O cara vive pressionando e gritando pelos corredores. Eu fico nervoso e não vejo a hora de ir embora."
"Quem devia estar aqui é a chefia para aprender a conversar que nem gente. Eles só sabem gritar. Ele fala tanto que ninguém presta mais atenção."

EXPERIÊNCIA PRÁTICA
Alguns depoimentos são bastante elucidativos.
"Eu dei graças a Deus de ser transferida. Ele se achava todo-poderoso e, com certeza, nos lembrava, diariamente, que era o centro do mundo. Imagine só que trabalhamos juntos três anos e ele nunca me perguntou como eu estava."
"O cara era ótimo. Um vendedor de mão cheia. O problema era que, depois de cada telefonema, ele se empolgava tanto que fazia o escritório parar e ouvir os resultados das suas bravuras, do seu excelente desempenho com cada cliente."

Felizmente, algumas pessoas se sensibilizam e percebem o desconforto que merece um cuidado maior consigo mesmo. Estar mais atento à forma de se expressar, de se compreender, de reconhecer os próprios sentimentos. Aproveitar cada situação para se interrogar. É com base na relação consigo mesmo que você se comunica com os demais. Ao organizar o senso do eu e o respeito ao próximo, estamos livres para desorganizar a tagarelice e a falta de escuta.

EXPERIÊNCIA PRÁTICA

Uma aluna conta que só se deu conta da sua tagarelice observando as pessoas: "Quem me vê hoje, não tem noção de como eu era. Comecei a me incomodar com as pessoas. Reparei que elas falavam até a exaustão. Um dia percebi que eu também o fazia. Foi quando comecei a ser atendida por você. Eu odiava aqueles exercícios para me acalmar. Pouco a pouco, fui aprendendo a aquietar a mente. Comecei a perceber que estava o tempo todo me antecipando, não deixava ninguém concluir as idéias. Acho que a grande ferramenta foi prestar mais atenção na minha respiração. Também prestar mais atenção no outro. Às vezes ele está conjeturando e eu preciso entender que se trata do imaginário. Não posso despencar com meu raciocínio lógico porque vou criar mal-entendido. Às vezes, ao contrário, eu fico fazendo uma leitura afetiva, quando o cara só está tentando organizar suas idéias. Então, em vez de desembestar a falar e a opinar, gasto mais tempo agora em entender como eu mesma processo a informação. Assim, julgo e projeto menos. Hoje continuo achando que algumas pessoas falam em demasia, mas elas já não me incomodam. Aproveito para exercer minha escuta. Estou mais preocupada em respeitar o processo delas e o meu próprio."

> **Dica**
>
> **Um bom exercício é observar o que promovemos à nossa volta. Quando disparar um sem fim de idéias atreladas umas às outras, o melhor é respirar fundo e escutar os demais. Ousar não opinar. Modelar a expressão com tranqüilidade. Mastigar as palavras e sorver a pausa entre elas. Dar tempo ao tempo, evitando ser atropelado por algum turbilhão mental ou emocional. Experi-**

> mentar o relaxamento seguidas vezes, até se acostumar a acalmar o corpo e a mente. Isso ajuda a prestar atenção em uma coisa por vez.

Há pessoas que gostam de conversar porque desenvolveram, de forma significativa, a inteligência lingüística. São ótimos oradores que se destacam em reuniões, sempre aptos a informar e a dividir conhecimento, ou simplesmente são excelentes contadores de causos que instigam com sua fluência verbal e criatividade. Outros se sobressaem pela inteligência, perspicácia e humor inigualáveis.

EXPERIÊNCIA PRÁTICA

Os depoimentos a seguir são bons exemplos de admiração por comunicadores que, monopolizando a atenção do grupo, encantam com sua fala expressiva: "Quando saímos, ela sempre tem histórias hilariantes e inenarráveis. É incrível a capacidade que essa mulher tem de nos fazer rir e nos contagiar com seu bom humor. Pensando bem, toda vez que a encontro, nunca abro a boca. Ouvi-la é um deleite."

"Realmente, o professor é um divertimento. Sempre tem alguma informação interessante. Está o tempo todo repartindo conhecimento. Tudo isso com uma inteligência e uma perspicácia desafiadoras."

"Eu falo tanto no meu trabalho que quando encontro quem gosta de conversar e de contar histórias, aproveito para descansar e só escutar. Chega a ser um prazer."

Segundo os relatos a seguir, nem sempre é fácil conviver com pessoas que gostam muito de falar...

"Meu ex-marido falava demais. Reconheço que era uma pessoa muito interessante, bem informada e que sabia cativar as pessoas com um ótimo papo. Mas conviver com alguém que matraca o tempo todo não é fácil. Imagine só que, quando íamos a Ribeirão Preto, na ida e na volta, só ele falava – sem parar. Eu até desenvolvi uma técnica interessante: o olho esquerdo sempre aberto, caso ele me espias-

se; o direito dormia comigo – porque era impossível manter a atenção desperta."
"Uma de minhas melhores amigas é ótima, divertida, cheia de causos para contar. Mas, na intimidade, às vezes, ela me cansa. Por exemplo, quando quer falar de um acontecimento, ela permanece um tempão repetindo: 'Acho que foi quarta. Não, pensando bem, foi na quinta porque é dia da minha faxineira, aliás, lembro que choveu e tive que sair correndo...' Com jeitinho, eu sempre digo a ela: 'Não importa o dia e a hora, conte-me o que aconteceu...'"

Outro aspecto relevante é perceber até que ponto a necessidade de "desabafar" está levando em conta o *timing* do interlocutor. Quando não se percebe a hora certa, é inevitável a insatisfação porque não obteremos a qualidade de escuta desejada. Em alguns casos, a precipitação, o destempero emocional e a absoluta inadequação colocam tudo a perder. Vale lembrar que, embora a função da conversa seja se fazer entender e estabelecer trocas significativas, você não pode obrigar ou exigir que alguém o ouça.

Costumo dizer que, infelizmente, só as pessoas tímidas se inscrevem em meus treinamentos de Fala Criativa. De fato, qualquer um de nós se beneficia ao trazer maior consciência à qualidade da expressão. Muitas vezes, não percebemos que as emoções podem derrotar nossa percepção. Também a tendência à distração causa falta de clareza, de foco. Assim, é fundamental educar a atenção e aprender a acalmar o sistema nervoso, intervindo nas respostas emocionais.

Vale a pena falar?

NÃO ERA BEM *isso que eu queria dizer*... O dia-a-dia alinhava pequenas palavras atropeladas, palavras desajeitadas, palavras que esquecemos ou deixamos de dizer, outras que teríamos dito se... O mais óbvio, em algumas circunstâncias, é amontoar qüiproquós ou aquela sensação de um nó na garganta que parece não se desfazer nunca. Em certos casos, a dificuldade de se expressar atrapalha o desempenho profissional e afeta a qualidade das relações. Cabe a cada pessoa, com a firme vontade de se conhecer, vasculhar os porões do inconsciente e detectar os pontos nevrálgicos onde se começou a encolher a auto-expressão.

Mas, há pessoas que, embora não sejam tímidas, intimidam-se, por exemplo, quando não se fazem ouvir. *Eu tento falar uma, duas, até três vezes. Acabo desistindo. Outra coisa que me deixa passado é alguém me cortando. Mal acabei de formular um pensamento, já sou interrompido. Não acho que isto é timidez. Por que eu vou falar se ninguém está me ouvindo?*

Há, também, os que preferem a política da boa vizinhança, preservando um convívio cordial. Passam a vida discursando internamente e você ao lado delas nunca sabe se, de fato, estão satisfeitas, felizes ou não. A maior parte do tempo "concordam" com o rumo dos acontecimentos, até que, por algum motivo, em meio a um mutismo total, manifestam intensas reações de discórdia. São queixas atrasadas do que não foi dito na hora certa e chegam recheadas de velhos rancores.

EXPERIÊNCIA PRÁTICA

Durante uma consultoria, um colaborador aproveita e desabafa: "Tudo parecia normal, quando, de repente, sem lógica nenhuma, a mulher chega aqui no escritório armando o maior barraco. Foi uma explosão que ninguém entendeu porque ela nunca demonstrou a menor insatisfação ou a mínima discordância..."

Outra aluna comenta sua experiência de falta de diálogo: "Eu sempre fui muito irredutível quanto a princípios éticos. Sempre deixei claro ao meu parceiro de trabalho alguns valores vitais, como, por exemplo, a total transparência. Foi quando descobri que embora concordasse comigo, por detrás, sem eu saber, tomava algumas decisões que eu jamais aceitaria. Quer dizer: quando havia um conflito de interesses, ele não pensava duas vezes – agia de acordo com a conveniência dele, abrindo mão da transparência comigo. Fiquei ainda mais chocada com sua reação altamente agressiva, despejando queixas de todo tipo. Ou seja, ele nunca disse o que pensava e eu passei a ser responsável por sua falta de dizer."

É muito fácil detectar em um grupo aqueles que, por algum motivo, limitam-se a falar o mínimo do mínimo. Alguns consideram que não vale a pena tamanho esforço. Outros nem se perguntam por que passam a vida no papel de espectadores. *Eu gosto de ficar no meu canto e observar. É o meu jeito.* É muito provável que, caso se perguntasse o porquê de essas pessoas não dizerem o que pensam, dariam justificativas de toda ordem: *Não gosto de me meter na vida dos outros. Às vezes me dá um branco e fico sem saber o que dizer.* E assim por diante.

EXPERIÊNCIA PRÁTICA

Há pouco tempo, durante um treinamento, uma aluna deixou a todos perplexos com seu depoimento. "Eu não gosto de me sentir obrigada a dar minha opinião. Aliás, prefiro ficar no meu canto a me abrir e correr o risco de viver novas perdas. Todas as pessoas importantes para mim morreram. Por isso, vivo melhor sem me expor ou sem me envolver com os outros." Ninguém podia supor que, por detrás daquele comportamento retraído, havia a memória intocável de vivências traumáticas. Em vez de rotular e estigmatizar, a grande lição é acolher e compartilhar.

Uma boa façanha é a das pessoas que mal conversam, mas falam à vontade, tagarelando por e-mail, *MSN* ou *orkut*. Algumas inventam sofisticadas estratégias, para durante o expediente, desviar o olhar dos chefes. O desafio é não transformar essas ferramentas em substituto da nossa extensão ao mundo ou em meio de dispersão. O uso inadequado da internet tende a minar a economia da atenção indispensável para a administração assertiva da própria vida.

EXPERIÊNCIA PRÁTICA
"Eu comecei a perceber que ele só tratava bem por telefone as pessoas das outras áreas, mas ali, no dia-a-dia, não tinha conversa. Do mesmo modo, ele se vangloriava das suas conquistas pela internet, mas na realidade – entre as pessoas do seu convívio – costumava ser grosseiro." A realidade virtual parece comprometer menos do que lidar com a personalidade, regulando comportamentos.

"Eu ficava passada com minha colega de trabalho. Ela mal me dirigia a palavra. Nunca conversávamos, mas, por meio do *MSN*, ela se transformava radicalmente. Parecia outra pessoa. Percebi que só dava a devida atenção às questões de trabalho se nos comunicássemos através do micro." Nada é mais valioso do que relações que se constroem pelo diálogo. Exageros à parte, a internet, bem administrada, também nos ajuda a agilizar processos. O desafio é saber que, em certas circunstâncias, nada substitui o olho no olho.

Muitas pessoas me procuram devido à dificuldade de se expressar, de conversar com naturalidade e de colocar idéias e sugestões em público ou no papel. Algumas, dentre elas, apresentam queixas similares decorrentes do fato de não se expor nem contestar a opinião alheia, o que lhes causa desconforto. O problema é quando o medo de falar começa a prejudicar sua vida. Em alguns casos, o que está por trás desse tipo de comportamento é o medo que a pessoa tem do julgamento dos demais; por isso, omitir-se ou não aceitar novos desafios é a solução que parece ser menos dolorosa. Sempre sou obrigada a dar-lhes a péssima notícia: é impossível agradar a todos.

Como vimos no capítulo anterior, existem pessoas que falam sem constrangimento em pequenos grupos, mas diante de uma platéia julgam-se incapazes de manter um discurso coerente. Da mesma maneira, alguns estudiosos passam a vida amealhando conhecimentos e apresentam pânico diante de um papel em branco; outros, extremamente criativos, não confiam no jorrar de idéias ou não conseguem concretizá-las.

A melhor forma de superar um obstáculo é enfrentá-lo, sabendo dosar essa aproximação. Situações embaraçosas como se expor em público, exigem critério e bom senso. Cada indivíduo supera ou aumenta bloqueios por motivos muito singulares. Por essa razão, o treinamento de expressão verbal ou de comunicação interpessoal não pode jamais ser impositivo: são necessárias criteriosa avaliação e adequação de linguagem e metodologia a fim de ajustar e respeitar as necessidades dos participantes.

Em *workshop*s abertos, nem sempre você tem o histórico de cada aluno. Mas é muito comum, como já foi mencionado, quando se trata do trabalho de expressão verbal, duas inclinações: a primeira é se comparar aos outros e, ato contínuo, sentir-se derrotado; a outra, engessar a expressão ou ser artificial. Todos anseiam pelo conhecimento e pelo domínio das técnicas.

Segundo o Dicionário Aurélio, a técnica é um conjunto de processos de uma arte ou a maneira, jeito ou habilidade especial de executar ou fazer algo. Portanto, se o indivíduo não desenvolver seu jeito e apenas reproduzir modelos ou conceitos padronizados, ele estará inibindo potencialidades. Ao contrário, uma experiência orgânica (e não puramente cerebral), favorece um trampolim para o intuitivo, o espontâneo e o genuíno. Às vezes, leva certo tempo para se libertar da expectativa de julgamento que cerceia a experimentação. Ninguém está ali para julgar. Costumo repetir que o mais importante é crescer na diversidade, entendendo o seu diferencial.

EXPERIÊNCIA PRÁTICA

"Achei muito interessante porque, quando liguei pra me inscrever no *workshop*, a pessoa que me atendeu disse que eu não seria exposta sozinha. O fato de trabalharmos o tempo todo em grupo faz que a gente se sinta apoiada um pelo outro. No começo, meu foco estava no olhar externo e enquanto eu tentava imitar alguém, minha expressão era muito artificial. De repente, cai a ficha e você descobre que tem ferramentas próprias, que o importante é ser você mesma." Na maioria das vezes, é recomendável iniciar o trabalho com atividades de descontração e jogos que afloram o senso de grupo, de parceria e colaboração mútua. Sentindo-se apoiadas, elas se enchem de coragem para se posicionar diante dos demais. A confiança que cresce entre todos é propulsora do aprender a aprender, em conjunto, inspirando uns aos outros. O acolhimento do grupo favorece também a decisão de se confirmar e de se expor.

É freqüente, também, queixas de ter sido exposto ao olhar externo nas gravações em vídeo. Há pessoas que, quando confrontadas publicamente, não só se inibem ainda mais, como também reforçam suas limitações.

EXPERIÊNCIA PRÁTICA

Vejamos um depoimento:

"Quase morri de vergonha de me ver naquele vídeo no último curso que eu fiz. Para ajudar, o consultor enfatizava, na frente de todo mundo, os meus vícios de linguagem. Até hoje não tive coragem de ver a gravação. Saí do curso pior do que entrei. A diferença do seu trabalho é que eu me diverti muito e percebi a minha metade do copo bem cheia. São recursos que podem me ajudar a melhorar meu desempenho. Saio daqui revigorada e pronta para continuar meu crescimento." O *timing* certo do *feedback* produtivo é uma arte.

Em casos de uma inibição avassaladora, recomendo psicoterapia, e, por exemplo, sessões individuais com relaxamento seguido de imaginação ativa. Imaginar a superação de situações constrangedoras é uma ferramenta valiosa para lidar com o estresse antecipado e explorar possibilidades inatas. Assim, pouco a pouco, ao se familiarizar com pequenas cenas simuladas que a aproximam do real, a pessoa vai se estruturando para reagir de forma diferenciada.

EXPERIÊNCIA PRÁTICA

O relato de uma aluna aborda o uso da imaginação ativa em situações estressantes. "Na véspera do treinamento, passei o dia com sintomas de pânico. Meu chefe percebeu, felizmente, que o negócio era sério, me dispensou e me deu a opção de fazer consultoria individual. Quando cheguei aqui, nas primeiras sessões, eu achava um grande absurdo perder meu tempo com tanta imaginação e relaxamento. Mas logo percebi que as técnicas de respiração me ajudavam a lidar com a ansiedade. Era muito reconfortante entrar em contato com uma parte viva em mim. Também compreendi que superar o sedentarismo era condição para me expandir. Mais importante ainda: consegui minimizar o pavor de falar em público. Hoje eu concordo que é uma questão de treino, de perseverar e me dedicar."

A pessoa pode iniciar um treinamento personalizado até se sentir mais fortalecida para encarar um trabalho em grupo. Muitas vezes, ela mantém a psicoterapia, de apoio ou profunda, como aliada. Outras pessoas preferem uma proposta diversificada de atividade física, relaxamento e meditação. Nunca impomos nenhuma prática. Nossa tarefa é sensibilizar, por meio de experiências múltiplas e revitalizadoras, a autoconfiança e a ousadia criativa de superar desafios. Segundo o escritor canadense James Hollis (1995, p. 140), "é preciso que indaguemos conscientemente todos os dias: 'De que maneira estou tão amedrontado a ponto de evitar a mim mesmo, a minha própria jornada?'". Mais adiante, ele complementa: "É preciso coragem para enfrentar diretamente nossos estados emocionais e dialogar com eles" (p. 148).

O desejável é traçar um programa adequado ao perfil e ao momento de cada indivíduo. Às vezes, mesmo diante de muita resistência, é perceptível que a pessoa vai se beneficiar muito mais participando de uma vivência em grupo. Como veremos no exemplo a seguir, um aluno inscrito em um programa de três meses, mesmo resistindo à idéia de iniciar pelo *workshop* Fala Criativa, surpreendeu a todos.

Resumindo: alguma coisa aconteceu durante o *workshop* que o fez desandar a se expressar de um jeito absolutamente genuíno, espontâneo. Ele veio a seguir para o primeiro encontro e nos disse: "Eu já iniciei as palestras na empresa e, embora continue sentindo o frio na barriga antes de começar, percebo que dou conta do recado. Realmente é como se eu me lançasse em um abismo. Só que eu já sei que não há abismo nenhum. Lembrei-me da experiência do *workshop* e fui acalmando essas vozes com a respiração e, quando encarei as pessoas olho no olho, não tinha bicho-papão nenhum: todos eram como eu e você. Acho que não preciso continuar o programa." (Di Nizo, 2007, p. 73)

Em especial, nossa metodologia, baseada em jogos teatrais, permite que o grupo se engaje na solução de algum problema. A capacidade de se envolver nas diversas etapas, de lidar com acontecimentos imprevistos e com múltiplos estímulos determinam o grau de aprendizagem. O próprio jogo cria regras e um objetivo de grupo que serve de incentivo para emergir a criatividade e a espontaneidade de todos os participantes. Uma bela síntese da pesquisadora e renomada escritora Viola Spolin resume bem o papel de uma experiência integrada: aflorar o apoio e a confiança para o indivíduo abrir-se e desenvolver qualquer habilidade de comunicação.

Nessa espontaneidade, a liberdade pessoal é liberada, e a pessoa como um todo é física, intelectual e intuitivamente despertada. Isto causa estimulação suficiente para que o aluno transcenda a si mesmo – ele é libertado para penetrar no ambiente, explorar, aventurar e enfrentar sem medo todos os perigos. (Spolin, 1998, p. 7)

Aquilo que dissermos e fizermos determina a vida que queremos ter. Acima de tudo, as conversas configuram as relações e dão vida a elas. Ao compreender a importância da conversa, assumimos, por meio da expressão, a responsabilidade sobre nossos relacionamentos. É a gestão consciente da nossa humanidade.

Desorganizando a timidez e a tagarelice

ALGUMAS PESSOAS, nitidamente emocionais, expressam-se impregnadas de tonalidades flutuantes, gestos e feições marcantes. Nesse caso, a tarefa se resume em desenvolver discernimento, tirando excessos. É usar a mesma energia que antes as exaltavam (ou as retraíam) para modelar a expressão com graça e elegância.

Os tipos racionais, por sua vez, operam por intermédio de idéias e de conceitos. Trata-se de contornar as palavras e as idéias com assertividade sem perder a delicadeza e a percepção de si e do campo emocional coletivo. Em oposição a um pensamento sem colorido algum, eles aprendem a manejar o mundo mental mais abstrato, abrangente e sensível.

Timidez ou tagarelice não é forma definitiva. Não há como desorganizá-las sem aprender a estimular os órgãos dos sentidos e a respirar, sentindo o corpo, o cérebro e o coração pulsantes. Essa modelagem requer treino e introspecção diários. Por isso, sempre que se envolver mais com seu mundo fenomenal, estando física, intelectual e intuitivamente desperto, maior será a percepção da realidade. É imprescindível educar a atenção, aprendendo a estar focado em cada situação de comunicação.

EXPERIÊNCIA PRÁTICA

A seguir, um aluno divide sua percepção. "O maior desafio para mim sempre foi manter uma linha de raciocínio clara e objetiva, sem me perder com tantos exemplos. Eu acabava estressado tentando solucionar a minha coerência com um roteiro perfeito. Preparar-se é fundamental, mas confiar na minha aptidão criativa é a chave para me expressar com desenvoltura. Aprendi a ser mais autoconfiante e a estar mais concentrado e sensível às pessoas."

Também é recomendável ter clareza quanto ao uso dos próprios recursos. Uma pessoa tímida, por exemplo, desenvolve um grande senso de observação. Resta saber o quanto disponibiliza esta ou as demais habilidades em prol do seu crescimento. Em outras palavras, é necessário inventariar se a timidez (ou a dispersão) lhe causa ou não sofrimento. Organizar nossa extensão no mundo exige uma firme vontade de resgatar a autonomia, de rever temores e crenças e, sobretudo, satisfazer as necessidades pessoais.

EXPERIÊNCIA PRÁTICA

Durante um treinamento, *in company*, uma aluna recebeu apoio integral do grupo.

"Acho você o máximo. Quieta no seu canto, mas, sobretudo, sempre disponível a qualquer solicitação."

"É engraçado porque você nunca faz alarde, mas tenho certeza de que todo mundo concorda comigo: você, além de competente, é uma pessoa que faz toda diferença com seu jeitão de ser."

"Você não precisa mudar nada, nem ser diferente."

E, assim, todos declararam o quanto a apreciavam. No dia seguinte ela me ligou e disse que estava disposta a fazer terapia e o que fosse necessário para romper as barreiras do seu retraimento. "Eu nunca imaginei que as pessoas sequer me observassem. Sou muito grata pela experiência..." Sentir-se aceita pelo grupo, representou a alavanca para o seu crescimento.

Ninguém tem de jogar nada fora, muito menos perseguir um modelo que nada tenha a ver consigo. A questão é desorganizar a velha expressão. Reconhecer o próprio valor, tornando-se responsável pela expansão de si mesmo. Acrescentar a isso uma boa dose de humor e envolvimento espontâneos. Afinal, toda aptidão para a vida fundamenta-se na melhoria da comunicação (consigo e com o mundo).

Qualquer um de nós está apto a fazer algo novo, a desenvolver o pensamento divergente, a ousar respostas inusitadas, expressando-se com originalidade. As técnicas ajudam e muito, mas só o processo de imersão permite resgatar de dentro de si a espontaneidade. Por essa razão, no módulo introdutório de Fala Criativa, evitamos o vídeo. É o momento de identificar seu estilo, os fatores limitadores e os recursos próprios. A base é a autopercepção. Resgatar o prazer da oralidade, de contar "causos" e se posicionar com tudo que lhe é peculiar.

Ao compreender e se apropriar do seu perfil de comunicador, o segundo passo é modelar a expressão, adequando-se – sempre – ao interlocutor. Prestar atenção no ambiente, no estado de ânimo à sua volta. Compreende identificar as condições requeridas para uma comunicação efetiva e intervir nelas, aprimorando a competência lingüística e a interpessoal. A finalidade é se fazer entender.

> **Dica**
> Se você está diante de alguém muito objetivo, vá direto ao assunto. Caso o interlocutor seja mais detalhista, então sim, é desejável ater-se aos pormenores. Mas você não pode impor seu jeitão. Em vez de usar, indiscriminadamente, a mesma forma de expressar-se, é necessário adequar-se, acalmando o turbilhão interno e, ao mesmo tempo, percebendo o estado anímico do outro. Impor seu jeito de se comunicar sem notar os efeitos que promove à sua volta é ineficiente e inadequado.

Pensar antes de falar?

É MUITO COMUM, durante as palestras, perguntarem: *É pra escrever e falar sem pensar? Então também devemos agir sem pen-*

sar? Se procurar ordenar as idéias a respeito de um tema que não for de seu interesse, será difícil mobilizar esforços internos. Se descuidar do estado de ânimo, terá dificuldade de sustentar a motivação. Primeiro, mude de humor. Cada alteração anímica altera a predisposição para se expressar.

Em qualquer situação, o compromisso é o mesmo: quanto mais motivado estiver com a tarefa a realizar, maiores são as chances de enxergar respostas inventivas e assertivas. Você precisa estar imerso integralmente em cada experiência, acompanhando os movimentos e as mudanças internas (e externas). Detectar impulsos e se firmar na vontade de alcançar seus objetivos. Essa firmeza de propósito é a tal autodisciplina, considerada por algumas pessoas o monstro do meio-dia. Ela precisa de aliadas como a flexibilidade e a criatividade. Somente assim é possível equilibrar intuição e informação, interferindo de modo inteligente e sensível em cada uma de suas ações cotidianas.

Cabe ressaltar um aspecto comum da comunicação falada e escrita. Normalmente, acredita-se que o pensamento lógico é que orienta o fluxo de idéias. Por essa razão, algumas pessoas, por exemplo, durante uma palestra, ficam presas ao roteiro ou transformam o apoio visual em muleta. Se você domina tanto o assunto como seu estado de ânimo e tem capacidade de concentração, as chances de perder o foco e a coerência interna são mínimas. Não importa o tipo de aprendiz ou as demais características pessoais, pois para escrever ou falar todo ser humano precisa, antes de tudo, confiar no jorrar de idéias. De fato, é o domínio do pensamento humano que transforma a informação (disponível para todos) em conhecimento criativo – em saber.

O mergulho na zona intuitiva do cérebro dá forma à sua porção criativa, captando detalhes e a noção do conjunto. O hemisfério direito controla a capacidade executiva e a habilidade de processar simultaneamente muitas fontes de estímulos. Um cheiro conduz a uma palavra que leva a outra e cada uma desencadeia um processo associativo de vivências na matriz emocional, despertando sensações, pensamentos, gestos, imagens e arquivos de conhecimento.

Toda vez que se expressa, você realiza uma atividade de natureza verbal e não-verbal que se combinam no cérebro de acordo com as exigências do contexto e com as especificidades de cada indivíduo. O pensamento não-verbal de ordem espaço-visual opera de modo holístico e sintético, enquanto o pensamento verbal, por sua vez, funciona de maneira analítica, seqüencial, lógica.

Segundo John Kao trata-se "do pensamento descontínuo e não linear que nos orienta a progredir em direção ao conhecimento, e deste para o saber, e do saber para o valor" (Entrevista com o consultor norte-americano John Kao, especialista em criatividade. Publicada originalmente no *Expresso*, por Jorge Nascimento Rodrigues, Lisboa, 1997).

Por esse motivo, a fala não pode limitar-se somente a uma organização de idéias. Não se trata de pensar ou não pensar o que dizer. Claro, você precisa dispor de conhecimento e informação. Isso não basta. É necessário tornar inteligível o pensamento, adequando-se com precisão e sensibilidade. É um processo simultâneo.

A partir do estado de atenção, pode-se desencadear uma nova expressão. A atenção é a essência do aprendizado. Quanto mais atento estiver, mais aberto estará a se perceber e a perceber o entorno. Quanto mais for capaz de confiar na aptidão criativa, mais confiará no manancial esquemático que provém do próprio subconsciente. Afinal, o intelecto e a intuição não são excludentes; ao contrário, coexistem e necessitam de cooperação mútua. Ao combinar o aspecto intuitivo e lógico, aumenta-se a capacidade de comunicação. Enquanto você fala, tal como um artista diante de sua obra, inventa-se o modo de falar. O ato espontâneo e o ato consciente permitem que o sensível e o concreto, o intuitivo e o inteligente abram as comportas da expressão criativa. Segundo o renomado doutor em filosofia Rafael Echeverria, a chave mestra da nossa identidade pessoal se constrói com base na construção lingüística. Criamos e regeneramos o sentido da vida por meio da própria linguagem: "[...] o que somos, nossa identidade pessoal, é uma construção lingüística, uma história que fabricamos sobre nós mesmos, sobre a direção de nossas vidas no futuro, e sobre nosso lugar na comunidade e no mundo" (Echeverria, 1998, p. 46).

Mais adiante ele complementa: "Somos o que somos a partir das relações que estabelecemos com os demais. O indivíduo é constituído como a soma das suas relações com os outros" (Ibidem, p. 59). A linguagem surge da interação social. Nossa forma peculiar de participar desse sistema de linguagem nos torna indivíduos particulares. Portanto, ao conversar, podemos transformar a nós mesmos e ao mundo em que vivemos.

Resgatar o gosto pela palavra, o prazer da oralidade. Entender a missão da comunicação. Aceitar o dinamismo das relações. À medida que a pessoa aviva os valores que dão sentido à existência, ela enfrenta fatores limitadores e começa a se alastrar. Abrir mão da necessidade de ser reconhecido ou aprovado. Ousar se diferenciar. Despojar-se das certezas que impedem o diálogo, correndo o risco de confiar, de se posicionar.

A base dos treinamentos da **Casa da Comunicação** é fortalecer o movimento interno irresistível da descoberta de si mesmo. A chave da comunicação está em dar lugar a esse encontro. Explorar o prazer íntimo de viver sozinho suas próprias sensações. Encontrar o prazer de ser seu melhor companheiro. Com base nesse ajuste íntimo, escutar o outro para que ele também se entenda melhor. Acolher um sistema de referências distinto do seu, despojar-se das opiniões e dos julgamentos. Mas questioná-lo, sem falar sobre suas idéias e sentimentos. Compartilhar o testemunho do homem, em silêncio. Aprender a conversar. Conversar faz diferença. Aprende-se a conversar conversando.

Dica – Instrospecção

Quais são suas habilidades de expressão? Quais são as aparentes dificuldades que mais o incomodam? Agora verifique, entre seus talentos e recursos, quais poderá disponibilizar para trabalhar estas dificuldades.

Defina um objetivo claro, de imediato, para a melhoria da sua comunicação.

Faça uma lista de requisitos básicos, em ordem de importância, que vão ajudar você a comunicar-se melhor. Enumere requisitos que dependem só da sua disponibilidade voluntária. Enfrente suas intenções e a realidade. Verifique quanta coisa, por exemplo, gostaria de dizer e ainda não disse, ou talvez, tudo que falou de maneira intempestiva.

Pense em situações concretas. Escolha uma delas e anote, em detalhes, o seu fluxo de pensamento. Liste os obstáculos, ou seja, o que normalmente o impede de dizer o que tinha a dizer ou o que provoca uma verborragia incontrolável. Seja bem concreto. Escolha um obstáculo dominante. Use a memória e liste suas reações – ações, pensamentos e sentimentos – quando deixou ou se comunicou de forma inadequada. Por exemplo, se o problema, segundo sua percepção, é a falta de disponibilidade ou a grosseria de alguém, o que lhe interessa é identificar como você reage diante dessas circunstâncias.

Faça uma lista de comentários internos e externos, ao longo das reações predominantes. Tente submeter o diálogo interno a um imaginário *scaner* ou a uma ressonância magnética. Procure identificar com o máximo de clareza e de isenção possíveis, o trem de pensamento e de emoção atrelados ao comportamento habitual.

Agora, ouvindo a voz da própria consciência, revise a seqüência de eventos e reações. Separe o joio do trigo. O que a tristeza ou a irritação estão apontando? Quais são suas necessidades camufladas? Como atendê-las, assumindo total responsabilidade pelo seu processo? O que, por exemplo, o sentimento de se sentir rejeitado ou humilhado lhe ensina? O que pode fazer por você mesmo? Como poderia ter reagido de outra forma? O que alimenta com o padrão do não-dito? Ou será que prefere despejar o lixo emocional? Quais são suas necessidades não atendidas?

Por último, reconstrua um comportamento baseado no discernimento inteligente. Imagine a mesma situação, mas, dessa vez, expresse o que sente com adequação, mantendo o equilíbrio entre auto-respeito e respeito ao próximo. Lembre-se de que externar sentimentos ou ter domínio sobre eles é uma habilidade que se aprende. O primeiro passo é identificar as emoções. Às vezes, requer apoio psicoterapêutico. Mas a lição de casa diária de organizar seu querer e de se responsabilizar pelo que se permite viver é sua.

Conversar faz diferença

Capítulo III

Dialogar é tudo!

CRESCEMOS E NOS TRANSFORMAMOS. Também nossas relações se modificam. Por isso, é não apenas necessário como muito saudável o hábito de rever e atualizar os contratos de comunicação. Aprendemos a pedir, a recusar, a receber e a dar. Pedir sem exigir, sem obrigar. Pedir, desresponsabilizando o outro da obrigatoriedade de atender nossa demanda. Recusar sem rejeitar ou se opor. Exercer simplesmente o direito de se posicionar em relação ao objeto em questão. Assumir o próprio querer diante do desejo alheio. Aceitar o conflito e negociar os quereres. Receber sem segundas intenções. Apenas receber de bom grado. Dar sem cobrar depois nenhuma dívida. Dar para compartilhar, estando aberto à reciprocidade.

EXPERIÊNCIA PRÁTICA

Alguns comentários durante um treinamento ensejaram muitas reflexões ao grupo. Evidenciou-se a deficiente comunicação entre os departamentos. Os pedidos eram atendidos ou recusados sempre em função da questão hierárquica ou das preferências pessoais.

"Eu acho que o departamento de marketing não faz mais do que sua obrigação em nos atender." Um exemplo clássico do falso pedido que ressoa ao interlocutor como imposição. Bem distinto é o conceito de interdependência e a atitude de colaboração.

"Já no meu caso, depende de quem me pede. Confesso que se vier de cima, claro, sou obrigada, mas se vier de alguém da minha área que não topo muito, dou a maior canseira..." Nesse exemplo, a recusa é da pessoa e não do que ela solicita.

Há muitos exemplos de inadequação na nossa comunicação diária, tanto na vida pessoal quanto profissional. Cada fala ativa um estado de espírito. É incontestável o efeito mágico de um "por favor", "obrigado", "perdoe-me". No entanto, caímos repetidas vezes nas armadilhas de culpar, desqualificar os demais ou a nós mesmos. Adiamos a inevitável responsabilidade de nos educar para uma comunicação mais sadia. De fato, nós ainda não aprendemos a partilhar.

É habitual, por exemplo, no meio organizacional, as pessoas dizerem: "A empresa não está atingindo suas metas." Mas as pessoas são as empresas. Elas constituem os braços do fazer, o coração da inovação, os olhos do futuro, a inteligência dos saberes. Falta-nos *ser* com excelência, comprometendo-nos com o equilíbrio delicado da qualidade das relações, dos processos, da comunicação. Compreender, sobretudo, que sem bons ouvintes faltará sempre compreensão mútua. As pessoas se sentem negligenciadas. Quando ninguém fala livremente, a comunicação não flui. Proliferam os desentendimentos. Aumentam as disputas de poder. Torna-se habitual impor a própria opinião, interromper ou distorcer o fluxo da informação. O somatório de erros de comunicação não apenas agrava os atritos humanos, como compromete seriamente a saúde das equipes e, por conseguinte, os resultados dos negócios.

EXPERIÊNCIA PRÁTICA

Transformar a comunicação em ferramenta estratégica exige muito mais do que uma política de portas abertas.

"O exemplo deve vir dos gerentes, mas eles próprios retêm a informação. Estão mais preocupados em disputar quem vai ser o próximo a se sentar na cadeira da diretoria."

"Eu trabalho com o vice-presidente, que é um executivo brilhante, focado nos resultados e, ao mesmo tempo, muito humano. Ele não tem a mínima idéia do que acontece no chão de fábrica. As informações não chegam até ele."

"O cara vive me pressionado com a corda no pescoço, mas isso eu até entendo.

"Insuportável é o jeito pejorativo de ele me abordar. Às vezes quero dizer como me sinto humilhado e ele só quer falar de fatos. Saio da reunião pior do que entrei." "Quando não sou compreendida, acabo poluindo meu raciocínio. Reparto minha insatisfação em silêncio, trabalho sem vontade e não vejo a hora de a semana terminar."

Um ambiente propício ao entendimento mútuo, admite incongruências, hesitações, críticas, necessidades conflitantes. Falar não é uma tarefa simples. Comunicar é um desafio ainda maior. Requer não apenas superar possíveis bloqueios para ousar dizer, posicionar-se e ser entendido, mas também permanecer aberto e receptivo. Aprender a calar enquanto o outro se expressa. Cessar o verdadeiro frenesi interno. Permanecer consigo mesmo em silêncio usando toda a capacidade de estar plenamente com o outro.

A chave da aprendizagem está em identificar as condições necessárias para uma escuta efetiva. É uma escuta imparcial que não é indiferente, não julga nem rotula. Ao mesmo tempo, é preciso ter em conta o estado de ânimo (nosso e dos demais) que determina a predisposição básica em qualquer conversa. Ante fortes emoções, manter o fio da meada modulando a expressão de maneira adequada.

> **Dica**
>
> **Ouvir, ouvir e ouvir.** Sugiro que, diariamente, escolha alguém e uma situação para treinar a audição. Respire seguidas vezes e, durante toda a conversa, mantenha o fluxo contínuo da respiração. Perceba com que velocidade sua mente atrela-se a conceitos, julgando e interpretando, tirando conclusões precipitadas. Quando perceber que isso acontece, volte novamente a atenção à respiração. Procure esvaziar a mente, mantendo o corpo numa postura de alerta relaxada. Ouça cada palavra como se ela ressoasse dentro de você, igual a uma caixa acústica. Transforme-se numa antena de recepção. Prove aquietar os pensa-

> mentos, mantendo-se inteiramente envolvido naquilo que escuta. Como seria ouvir sem julgar ou rotular? Que efeito promoveria ampliar nossa capacidade de ouvir, isentando-nos de opiniões? E se experimentássemos nos colocar no lugar de nosso interlocutor?

A aptidão da comunicação também requer o respeito às diferenças. Aceitar o indivíduo como ser autônomo. Em outras palavras, tudo depende do quanto se aceita as pessoas como elas são, reconhecendo a legitimidade do modo pessoal de observar e de interpretar a realidade. Você pode influenciar sem dominar ou submeter alguém tentando convencê-lo. Ir além das diferenças de opinião. Abandonar as guaritas de defesa e de ataque. Conhecer a fundo sua forma de expressão, identificando o que, porventura, possa haver de inadequação. Em vez das estratégias de impor, desenvolver a habilidade de expor idéias sem nenhum tipo de pressão ou constrangimento.

EXPERIÊNCIA PRÁTICA

Em uma empresa, após uma fase de diagnóstico, pudemos constatar que, na percepção do grupo, o caráter explosivo do líder desencadeava um desânimo coletivo. Pior: a fim de evitar manifestações ostensivas de desagrado ou desaprovação, os problemas eram abafados. Ninguém se sentia à vontade para dizer o que queria. Omitiam-se, inclusive, os assuntos pertinentes à rotina do trabalho, prejudicando os negócios. Na falta de diálogo, tudo passou a ser escrito, sem levar em conta que ler e escrever toma um tempo muito maior do que conversar. Além de burocratizar os processos, instaurou-se uma cultura de medo da comunicação oral.

É imprescindível prestar atenção no efeito que produzimos à nossa volta. Também nas próprias queixas que estão encobertas por fortes razões emocionais. Cuidar não apenas do diálogo interno, mas, sobretudo, da forma de expressá-lo. Muitas vezes, acreditamos que somos incompreendidos, quando, de fato, é necessário esforço permanente para nos fazermos entender.

Observe que é fácil aplaudir quem concorda conosco e rejeitar quem pensa de um modo distinto do nosso. Podemos simplesmente não ouvir uma opinião diferente, encontrando todo tipo de justificativa para descartá-la. Da mesma maneira, tendemos a desativar a capacidade crítica quando ouvimos algo que reforce nosso ponto de vista. Para os escritores norte-americanos Ralph G. Nickols e Lernard A. Stevens (*apud* Agyris *et al*, 1999, p. 49), "nossas emoções atuam como filtros auditivos. Às vezes, eles causam surdez mesmo, e outras vezes facilitam demasiadamente a audição".

Assim, formam-se times *contra* e *a nosso favor* quando, de fato, conflito e ambigüidade induzem os questionamentos que nos tiram das zonas de conforto. Às vezes, discordar de uma idéia tem a ver com a fidelidade a si mesmo. Em muitas circunstâncias, justamente o somatório de inquietude e discórdia abre espaço para o novo. O maior trunfo dos relacionamentos e dos negócios é compreender melhor as diferenças. Respeitar o testemunho alheio.

Em certos casos, a relutância em aceitar divergências é motivo de permanentes censuras. Essa tendência a se indispor com prejulgamentos, aumenta o abismo entre as pessoas. Se lutar por independência, você vai criticar os que permanecem dependentes; se for dependente, julgará levianos os que procuram mudança constante; se for dinâmico, os demais serão passivos; se for tranqüilo, os demais serão turbulentos; se for precavido, os outros serão inconseqüentes e, assim por diante, constrói-se a base das relações de acordo com um sistema hermético de crenças.

Em toda atividade, constituem-se pequenas famílias humanas, cujo propósito maior é aprender a lidar com a imensa riqueza humana. Cada situação representa uma oportunidade única. Ao construir um contrato, nosso comportamento espelha a maneira pessoal de lidarmos com nós mesmos e com o outro. O pano de fundo são as crenças que dão vida às nossas criações mentais. A qualidade do pensamento e da emoção cria a própria realidade e determina a conversa interna e a atitude no mundo.

Você pode concordar que o diálogo é a melhor forma de comunicação. Mas se estiver convencido de que é o dono da verdade, dificilmente romperá as barreiras do monólogo. Você pode desejar um ambiente motivador, mas se não dedicar tempo a si mesmo e a levantar o próprio ânimo, ninguém poderá satisfazê-lo em seus relacionamentos.

Assim, em vez da síndrome da reclamação, que nos faz exigir mais das pessoas, a única forma saudável é exigir mais de nós mesmos. Em vez de projetar expectativas no exterior, assumimos total responsabilidade pelo nosso desenvolvimento interior.

EXPERIÊNCIA PRÁTICA

É muito interessante observar que, no início de um treinamento ou consultoria individual, o foco das pessoas está sempre voltado às queixas que enfatizam os aspectos limitadores das pessoas do seu entorno.

"Meu problema é, sem dúvida, meu chefe."

"Chego aqui na boa. Ela tem o dom de me tirar do sério."

"Eles só sabem reclamar, mas nunca falam diretamente comigo. É pura hipocrisia."

Só faz sentido identificar os pontos fracos e vulneráveis (nossos e dos outros), quando mantemos uma visão firme do potencial e das capacidades complementares que estão à disposição de todos. Ressaltar de maneira inadequada os limites alheios aumenta a animosidade em nosso entorno. Do mesmo modo, reconhecer a contribuição das pessoas e ser grata a elas, gera boa vontade para uma conversa franca e produtiva.

Conforme já foi salientado, atraímos situações que confirmam nossas crenças. Quanto maior o sentimento de rejeição introjetado, menores as chances de ser aceito. Quanto maior o anseio de reconhecimento, menores as chances de receber aprovação. O inverso também é válido: quando tenho amor-próprio, sinto-me pertencendo a uma grande família humana; quando desenvolvo autoconfiança, não preciso da constante validação externa. Os desconfortos, contradições e ambigüidades estão sempre sinalizando questões a serem trabalhadas na minha evolução.

Como é sua comunicação em cada família humana? Às vezes demoramos até perceber que, por meio da auto-expressão, influenciamos o entorno. Colorimos o ambiente com nossos sentimentos. Partilhamos dos grupos sociais, deixando nossas pegadas no caminho. Somos, irremediavelmente, responsáveis por estabelecer (ou não) o diálogo com os demais.

EXPERIÊNCIA PRÁTICA

Realizamos um treinamento continuado em um chão de fábrica. Trabalhávamos com os três turnos. O grupo da noite, em especial, era muito participativo, mas um dia percebemos que havia um mal-estar. Quando questionados, ficamos perplexos. "Deu alguma zebra e nos avisaram hoje que o turno da noite vai ser abolido! O que vai ser da gente? O único jeito é quebrar as máquinas. Isso mesmo. A gente vai fazer boicotes e eles vão se ferrar!"

Lembro-me de haver enfatizado que, ao afundar o próprio barco, estavam colocando em risco a vida de 450 famílias. No dia seguinte, o diretor me ligou querendo saber por que, pela primeira vez, essa equipe havia solicitado uma reunião. Eu emudeci e, logicamente, também fiquei apreensiva. Resumindo, para surpresa geral de todos, eles encaminharam uma proposta de revitalização. Organizaram um comitê que, em três semanas, realizou um mapeamento da situação. A **Casa da Comunicação** acompanhou o processo de perto. Em vez das queixas infindáveis, estabeleceu-se como regra que, para cada problema, seriam apresentadas três possíveis soluções. A mesma regra que havíamos adotado em nossos encontros. Acredito que tenha sido a mais grata experiência de trabalho em equipe e do poder do diálogo. A grande transformação ocorreu quando admitiram que por estarem no mesmo barco, ao coordenar alguns movimentos, o impulso de todos era maior; esse somatório dependia do empenho individual, que, por sua vez, beneficiou-se do somatório de esforços.

A dinâmica da conversa

O QUE VOCÊ DISSER VAI, provavelmente, provocar em alguém uma série de interpretações. Além disso, por meio da expressão não-verbal, emite freqüências ou ondas de pensamentos coloridos por seu estado anímico. Você estará interferindo e despertando no seu interlocutor um estado de ânimo que pode ser de aproximação ou de distanciamento. Sem falar que, em algumas ocasiões, o diálogo interno nada tem a ver com a conversa. Você sentiu uma coisa, disse outra e ainda ficou se remoendo, pensando como atraiu tal situação sem desejar.

Imagine que esteja recepcionando um cliente a quem deseja impressionar para vender uma idéia. O primeiro ponto é saber o quanto acredita e aposta no projeto. Se sua motivação for intrínseca, movida pelo prazer de realizá-lo, já terá conquistado meio caminho, porque você vai transpirar entusiasmo. Outro ponto relevante é a habilidade de saber ouvir e usar a observação na formulação dos argumentos. Ou seja: a arte de encantar e fidelizar clientes (e relacionamentos) depende do quanto a expressão verbal está orientada pela audição, percepção detalhada e automotivação.

Mas, naquele dia, você não está nada bem. Obrigado a realizar o encontro, acaba achando o cliente um chato! Qual será a reação dele? O que receberá como informação? O não-verbal que depende dos gestos, das expressões vocais, faciais e anímicas é tão importante quanto o discurso. Aliás, à medida que aquilo que diz está desassociado daquilo que sente, você perde em coerência e em concordância. Da mesma forma, há circunstâncias em que estamos cobertos de razão, mas perdemos o fio da meada devido à inadequação.

Há também situações em que se projetam expectativas que nada têm a ver com as pessoas, mas, sobretudo, com o abismo íntimo de carências. A falta de amor-próprio faz que busquemos no outro a resposta para suprir nossas lacunas. Queremos um refúgio que aplaque a angústia. Lançamos âncoras no mundo externo. Sem perceber, fugimos de nós mesmos.

EXPERIÊNCIA PRÁTICA

Uma aluna relata sua experiência de projeção. "Eu tenho depressão há uns quatro anos. Decidi morar com minha irmã porque não suportava a solidão. Ela tem família e filhos. A idéia de me ver rodeada de gente me aliviava muito. Eu achava que a presença deles preencheria essa terrível sensação de vazio. Mas, com o passar do tempo, notei que só servia mesmo para pagar as contas. Continuei sozinha a maior parte do tempo, sobretudo nos finais de semana, sem ter com quem conversar. Quanto mais eu pretendia preencher esse vão com a família, mais eu me deprimia. Um dia ouvi numa palestra que a solidão é a distância entre nós mesmos e nossa alma. Pode parecer lugar-comum, mas, nesse dia, percebi que o grande segredo para atrair relações significativas é ser um melhor companheiro de si mesmo." Esse contrato amoroso é condição para estabelecer relações mais saudáveis com os demais.

Também já mencionamos o quanto o hábito da omissão em nossas relações causa transtornos. O não-dito não apenas degenera a convivência, como causa aprisionamento ou rompimento. Cada vez que tentamos responder ou satisfazer as expectativas alheias, nos afastamos de nós mesmos. Há dois extremos: explodir ou implodir a raiva, acumulando o sentimento de impotência. Podemos, ainda, entrelaçar nossas negatividades em prol de uma fidelidade do passado. *Eu não teria coragem de me demitir. Devo tudo o que sou a ele.* Ou ainda: *Mantê-la aqui é um mal necessário.* Renunciar a uma relação quando, por exemplo, pairamos sobre zonas de violência (psíquica, física ou moral) é muito saudável, sobretudo quando a separação significa se apropriar da integridade e da fidelidade comprometidas.

Há sempre uma conversa explícita e outra particular (eu comigo mesmo em relação a você). Não dizer, às vezes, é um espaço maturado de solidão que respeita limites para manifestar os verdadeiros sentimentos na hora certa. Implica perceber o momento propício (seu, do outro, dos outros) de ser ouvido. O não-dito, ao contrário, compreende constrangimento, facetas desconhecidas de mim mesmo. Falar demais, por sua vez, também corrompe o relacionamento. Mas como saber o que vale a pena expressar ou não? O único parâmetro confiável é uma atitude altruísta, tendo em conta o benefício de todos os envolvidos.

Optar pela construção de um relacionamento é zelar por ele. Representa desmistificar a crença de que as relações devam seguir um roteiro idealizado, como se as situações fossem estáticas e previsíveis. Não é possível abstrair a hipótese de desentendimento ou de reações imprevisíveis. Ao contrário, uma relação madura entre pessoas independentes permite vivenciar conflitos, protestos, dores. Se não aceitarmos altos e baixos, nunca construiremos bases sólidas de convivência.

Uma vez conquistada certa intimidade, acredita-se que as coisas andem por si. Por isso, deixa-se de dizer bom dia ou se cumprimenta de forma automática. Responde-se de qualquer jeito. É fácil deixar de agradecer, de se desculpar.

EXPERIÊNCIA PRÁTICA

Sentar numa roda, com pessoas que trabalham juntas há muito tempo, costuma ser *um grande privilégio. A lista de coisas a agradecer, umas às outras, é infindável.*

"Incrível que precisemos de um facilitador para encarar nossos companheiros olho no olho e agradecer. Fiquei surpreso e, confesso, emocionado."

"Na correria do dia-a-dia, a gente nunca encontra tempo para dizer muito obrigado. E sem o apoio mútuo nossos esforços seriam em vão."

"Quero aproveitar e me desculpar daquele dia que você entrou na sala e não pude lhe dar atenção. Eu havia passado toda a noite no velório do meu sogro e cheguei atordoada ao escritório."

"Acabei de ver um filme e fiquei extremamente tocada. Há uma cena em que o irmão – ovelha negra da família – chega à cozinha e beija a mãe, dizendo a ela: eu te amo. O irmão mais velho se toca da importância de a mãe ouvir essas palavras mágicas." *Quantas vezes dizemos aos nossos pais que os amamos? Quando foi a última vez em que agradecemos aos amigos pelas sutilezas do afeto que dão significado à nossa vida? Qualquer relacionamento precisa, entre outras coisas, de humildade, de esperança, de compreensão e, sobretudo, de diálogo.*

Tudo que disser desenha a relação, permitindo ou impedindo que algumas coisas aconteçam. O que para mim ou para você é simples, para uma terceira pessoa, às vezes, é motivo de indignação. Assim, a história pessoal define a qualidade (ou a falta) da escuta.

A seleção auditiva nos induz a enxergar a realidade parcialmente, como uma verdade única. Aproximamo-nos de pessoas que, por afinidade, comunguem códigos comuns. Em vez de desenvolver-se em um contexto único, estando preso a uma visão parcial, despojar-se de si mesmo, ampliando o horizonte para adentrar as diversas visões. Você empresta muitos olhares, admitindo a relatividade de suas percepções. Viver é um modelar constante da vida. É preciso ser um bom observador da própria história, do estado de ânimo, do jeito de narrar, da expressão do corpo. Afinal, por meio da conversa, tornamo-nos narradores. Cada vez que se expressa, você constrói uma identidade pessoal e social que afetará o quanto será ouvido no futuro. Segundo o filósofo Rafael Echeverria (1998, p. 56), "nossa identidade está diretamente ligada à capacidade de gerar sentido através de relatos que faz e que os demais fazem sobre você. Ao modificar esse relato, você se modifica". As práticas sociais, as conversas, alteram o rumo da história e podem abrir novas perspectivas.

A escuta automática

VAMOS SUPOR QUE OUÇA, pela primeira vez em francês, a pronúncia da vogal "u". Visto que esse fonema não existe em nosso idioma, é provável ouvir algo parecido ao "i" do português. Por essa razão – exceto na infância, etapa propícia para falar um ou mais idiomas –, quando se vive na fase adulta em outro país, é comum manter-se o sotaque da língua materna. A partir de certa idade, em maior ou menor grau, sofremos de "surdez" fonológica. Suponhamos ainda que para falar um idioma seja necessário armazenar uma média de três mil palavras. A aprendizagem vai estruturando-se sistematicamente. A princípio, não é possível diferenciá-las, até que, pouco a pouco, se possa distinguir umas das outras. O primeiro desafio é reaprender a ouvir. Ainda assim, estará sempre filtrando os sons através da "peneira" fonológica da língua materna. Em outras palavras, você ouve a sua interpretação daquilo que lhe é dito.

Esse mesmo processo acontece, no cotidiano, quando há uma conversa qualquer. Aquilo que o outro diz vai direto aos filtros interpretativos. As conversas cotidianas se parecem a tribunais. Ouvir, emitir um julgamento e, por fim, com um pouco de sorte, conseguir estabelecer uma conversa coerente. O escritor Marshall B. Rosenberg (2006, p. 83), afirma que:

> Julgamentos, críticas, diagnósticos e interpretações dos outros são todos expressões alienadas de nossas necessidades. Se alguém diz "Você nunca me compreende", está na verdade nos dizendo que sua necessidade de ser compreendida não está sendo satisfeita.

Para o doutor Rosenberg, toda vez que expressamos indiretamente nossas necessidades, os demais as recebem como críticas. É inevitável que se mantenham na autodefesa ou no contra-ataque. Se você estiver furioso, também é provável que não compreenda nada do que lhe digam. Ninguém vai ouvir ninguém. Ambos tendem a rotular e a se aferrar às próprias avaliações. Quando não, dispararão conclusões prematuras, demonstrando desagrado por meio de gestos e feições. Parece, inclusive, que o outro é responsável por tudo o que sucede. Em verdade, nada confere a ninguém o direito de impor seus humores ou de cobrar das pessoas o que faz a si mesmo. Só você pode descobrir formas de curar suas feridas, ouvir e satisfazer as próprias necessidades.

As conversas estão sempre envoltas em um campo emocional que costuma oscilar. Caso, porventura, você não tenha intimidade com as emoções, é bastante provável não haver desenvolvido, ainda, a habilidade de identificar e expressar emoções, nem decodificar os sinais emocionais dos outros. Isso acontece, por exemplo, quando não desenvolvemos a habilidade de identificar e expressar sentimentos.

Nossa cultura privilegia o raciocínio lógico – pensar bem – em detrimento da inteligência emocional. Alguns homens são educados a responder desde cedo às exigências práticas da vida, condicionando-se a viver prisioneiro do dinheiro ou da posição social. O entorno acaba favorecendo a dificuldade de entrar em contato com as emoções. "Que é isso menino? Homem não chora" ou, então, pior ainda: "Você parece um boiola, chorando desse jeito". E, assim por diante. Em contrapartida, às mulheres é permitido viver nos sentimentos, sobretudo, cuidando do ambiente e das necessidades alheias. Enquanto o homem ouvirá a razão, a mulher tenderá, com maior freqüência, a filtrar tudo por meio das emoções. Obviamente, existem homens extremamente sensíveis e mulheres resolvendo problemas e tomando decisões. Para ambos, o grande desafio é lidar com as sutilezas que envolvem todos os relacionamentos.

Em suma, como já vimos anteriormente, tanto as emoções (expressas ou inibidas) quanto as crenças atuam como filtros auditivos, interferindo na predisposição para escutar. Enquanto a pessoa está falando, antecipamo-nos com conclusões precipitadas. Pior: quantas vezes não a interrompemos para atropelá-la com interpretações prematuras ou associações irrelevantes que desviam o assunto? Não sabemos utilizar de maneira produtiva o tempo de escuta.

EXPERIÊNCIA PRÁTICA

Algumas pessoas têm o hábito de interromper e polarizar a atenção para si.

"Retornei da consulta muito mexida. Minha amiga estava na porta do prédio e subimos para tomar um café. Assim que comecei a compartilhar minha euforia, ela, com absoluta falta de desconfiômetro, simplesmente desviou o assunto para falar de si mesma."

"Eu evito certas pessoas no meu círculo de amigos. Sobretudo aquelas que sempre interrompem a conversa com comentários nada a ver. Você mal conclui o pensamento e a história enveredou por caminhos que fogem ao propósito inicial. É diferente quando o papo evolui. O que me deixa do avesso é a compulsão do outro por se colocar em evidência."

O estado de urgência, a pressa galopante e a pressão por resultados também são fatores que reforçam a falta de atenção. Um bom exemplo é a desatenção durante a conversa. Enquanto você está falando, é nítido que a pessoa já está em outro universo. O mesmo processo de dispersão acontece na leitura de e-mails quando passam despercebidos os detalhes mais relevantes.

EXPERIÊNCIA PRÁTICA

"Eu sempre prefiro discorrer sobre um tema com itens porque facilita a leitura, mas a pessoa responde qualquer coisa. Dificilmente responde o que eu preciso saber. Fico me perguntando até que ponto é válido substituir uma conversa pelo e-mail."

"É comum eu enviar um documento ou um arquivo anexado. No e-mail sempre coloco as explicações necessárias e complementares. Dito e feito: a pessoa me retorna fazendo perguntas cujas respostas já estão no corpo do e-mail. Elas estão tão apressadas e ansiosas que não têm paciência de ler com atenção. Às vezes acho que é pura preguiça de ler."

Enquanto alguém se expressa, a velocidade do nosso pensamento é quatro vezes maior. Assim, em vez de adivinhar ou se antecipar, a grande aprendizagem está em se concentrar, não permitindo que nada o distraia. Também é útil, durante toda a conversa, anotar e resumir, periodicamente, os pontos principais.

Em vez de se preocupar com o que dizer em seguida, manter contato com o que está sendo falado. Ou seja: em vez de permitir que a mente divague, ouvir atentamente aquilo que está sendo dito. Significa, também, cuidar e vigiar os próprios sentimentos e julgamentos prematuros que podem deflagrar a impulsividade ou ensurdecê-lo. O segredo da boa comunicação é adquirir bons hábitos de observação (de si e do outro) e de concentração auditiva.

Além disso, para escutar é primordial permitir que os demais falem. É igualmente importante fazer perguntas desafiadoras que nos possibilitem melhor compreender os fatos. Como se desvendássemos uma trama, os questionamentos bem dirigidos ajudam a ver as mesmas coisas sob distintos pontos de vista. Mas a condição essencial é aceitar o outro.

[...] Se não aceitamos o outro como um legítimo outro, o escutar estará sempre limitado e se obstruirá a comunicação entre os seres humanos. Cada vez que rejeitamos alguém, seja um sócio, um cliente, um funcionário, um competidor, um país etc., restringimos nossa capacidade de escutar. Produzimos a fantasia de escutar o outro, enquanto estamos, basicamente, escutando a nós mesmos. Em suma, nos fechamos às possibilidades que os demais estão gerando. (Echeverria, 1998, p. 171)

> **Dica**
> Aprenda com a criança. Toda criança pode nos ensinar a ouvir. Experimente contar um conto de fadas. Respeite a ordem do enredo, enfatize a mudança repentina dos fatos, altere o tom da voz, tornando-se um narrador vivo. E, enquanto isso, observe a criança. Veja com que atenção ela acompanha os detalhes. Observe as feições, o corpo inteiro que escuta. Perceba que a criança, como em um espelho, vai nos mostrando a pulsação da história. Veja o quanto ela mergulha nas palavras, como se entrasse em você.
> Faça a seguinte tentativa: pergunte a esta criança como foi seu dia. Procure manter o mesmo estado de atenção que ela mantiver com você. Não julgue, não interprete, apenas ouça. Ative a percepção, despertando seus sentidos. Esteja com ela, tornando-se agora o espelho da sua narrativa. Procure acalmar a mente, esquecer-se até mesmo da proposta, desde que se mantenha fiel à escuta.

O que o torna singular

COMPROMETER-SE COM A PALAVRA é governar os próprios passos. Ao dizer *sim*, você aceita responsabilidades; ao dizer *não*, assume a autoridade pessoal. Parecem tarefas simples e, no entanto, é comum esquivar-se de posicionamentos, mantendo-se à deriva, preso a conversas privadas que crescem no silêncio. Esse diálogo interno, que quase nunca é compartilhado, muitas vezes, é uma forma de alimentar inquietudes e de restringir possibilidades.

O resultado, segundo Rafael Echeverria (1998), é que "nos tornamos prisioneiros de nossas histórias e juízos de valores". Falamos sem parar a nós mesmos, buscando razões, pretensiosamente psicológicas, e desculpas (altamente elaboradas e convincentes) que impedem a mobilização necessária para novas ações. Por isso, conhecer-se é condição para desfazer os qüiproquós de comunicação. Essa é a importância da introspecção e da autopercepção: tornar-se observador de si, escolhendo de que maneira quer modelar suas atitudes. Em resumo, representa ter em mente as seguintes perguntas:

O que eu falei e por que falei?
O que senti e por que senti?
O que deixei de falar? Por que minha omissão?
Como poderia ter agido?

> **AUTOPERCEPÇÃO**
>
> Segundo Daniel Goleman (1999, p. 41), a autopercepção compreende três competências:
>
> **Percepção emocional:** O reconhecimento de como nossa emoção afeta o nosso desempenho e a capacidade de usar nossos valores para guiar a tomada de decisões.
>
> **Auto-avaliação precisa:** Uma percepção sincera dos pontos fortes e limitações pessoais, uma visão clara de aspectos que precisamos melhorar e da capacidade de aprender com a experiência.
>
> **Autoconfiança:** A coragem que provém da certeza sobre nossas capacidades, valores e objetivos.

É essencial viver dos próprios esforços, saber o que se está sentindo, desenvolver sensibilidade para com os demais, sendo capaz de aceitar ou de rejeitar com convicção e autoridade. Esses fatores, segundo Zulma Reyo (1992), são lições básicas da humanidade. Para ela, as pessoas dificilmente sabem o que estão sentindo e muito menos o que querem. Existe tal desconexão entre o que elas pensam e o que sentem que é impossível descobrir algo de verdadeiro em suas decisões.

O requisito primordial para desorganizar velhos padrões de conduta é o autoconhecimento. Enquanto considerarmos as pessoas ou as circunstâncias externas responsáveis por nosso estado de ânimo, estaremos à mercê dos jogos inconscientes da estrutura do ego. Em outras palavras, manifestaremos *"preconceito, rigidez, complexidade e seriedade: a marca registrada do ego"* (Reyo, 1992, p. 95). A aprendizagem estrutura-se passo a passo. As habilidades de síntese, sintonia com o ambiente e com os outros, clareza mental, firmeza e delicadeza exigem exercício paciente e contínuo.

Diversas práticas podem despertar o uso comedido e adequado das ferramentas de expressão. Contudo, o que realmente faz a diferença é edificar os alicerces da auto-estima e do auto-respeito, firmar-se numa identidade pessoal e social, dando o melhor de nós. Não existem pastilhas intelectuais, nem pílulas para fortalecer a vontade ou a sensibilidade. Qualquer aprendizagem acontece por meio de nossa imersão no mundo.

Da mesma maneira, as demais capacidades afloram e se organizam, entrelaçando o sentido da vida com o conhecimento, da vontade com a determinação e o otimismo necessários. A arte de comunicar-se requer encorajar-se e envolver-se naquilo que se diz, solidária e cúmplice da rede social. Maior o empenho, maiores as possibilidades; maior a sinceridade, mais sinceras as relações; quanto maior a alegria, aumentam as chances de se celebrar a vida.

O grande silêncio

COMO ZELAR PELA INTEGRIDADE e preservar o que há de mais genuíno? A auto-expressão requer submergir nas águas sinuosas do subconsciente, reconstituindo a autoridade sobre nossa vida. Isso compreende, muitas vezes, olhar-se em pleno deserto, abraçando as faces ocultas da nossa humanidade.

Qual o propósito disso tudo? O que foi feito do poder pessoal? Por um acaso as opções são comandadas por preconceitos, pelo sentido de dever repressor ou pelo fazer eficiente? De que maneira exercer a vontade com discernimento? Onde atracar e ancorar? Talvez custe silenciar. Vive-se em meio a convites incessantes da tecnologia de inteligências. Há um excesso de informação e uma confusão barulhenta de valores, como se o homem tivesse perdido o sentido das coisas.

Perdemos a noção de saborear, de provar o sabor de cada coisa. Sofisticamos o paladar e perdemos o gosto da vida. Deixamo-nos devorar por uma gula sem nexo. Vivemos triturados, ensimesmados em muralhas de *non sens*. Julgamos os acontecimentos e as pessoas responsáveis por nossos frágeis humores. Depositamos a responsabilidade de tudo no mundo exterior. Daí, uma bela manhã, acordamos assustados: o fio de cabelo branco, o olhar melancólico nas dobras do tempo, as vozes arqueadas da multidão pesam sobre nossos ombros, estamos terrivelmente sós. Abandonamos a vida ao acaso e a deixamos escoar pelo vão dos dedos. Perdemos a simplicidade do instante presente.

Perdemos a sensação, o sentido do sentido, o significado de significar. Vivemos de uma moral falida, mas herdamos a vida. E, no entanto, temos sido injustos com o princípio da vida. Quem dera sermos sinceros e espontâneos, outra vez, como quando crianças. Talvez você e eu sejamos um e, quem sabe, falte a nós ajoelharmos como crianças e, humildemente, bendizermos o sentido das pequenas coisas. Quem sabe, assim, recuperemos a noção da beleza que há em todas as coisas. (Di Nizo, 2001)

O fim ou o início da nossa jornada começa dentro de nós. É ir ao encontro à fidelidade mais profunda, encontrar significado na nossa diferença. É nos definir, mantendo um acordo entre o que sinto e o que vivo, entre o que digo e faço.

Descobrimos espaços encobertos, trilhas e labirintos. Reconhecemos nossas mentiras sinceras, os equívocos quando superestimamos nossos recursos reais. Aceitamos a força e a vulnerabilidade humana. Aprendemos a considerar os quereres de todos os envolvidos, sem jamais negociar a integridade pessoal.

Tudo passa a ser construído no respeito a nós mesmos e aos demais. Aprendemos a modelar a expressão com base no silêncio, imbuídos da coragem de ser e testemunhar. Esse é o início da conversa. Ao conversar, inventa-se o modo de conversar. Daí começa a desenhar-se a vida...

> **Dica**
> Feche os olhos e ouça os sons que estão à sua volta. Depois amplie sua audição para ouvir os mais distantes. Em seguida, preste atenção nos sons mais

> próximos. Uma vez mais, aumente seu campo de percepção. Repita a operação diversas vezes.
> Relaxe e ouça apenas a respiração. Imagine que inspira os ruídos do entorno e os traga para dentro do peito. Relaxe e procure aquietar a mente, ouvindo apenas a respiração suave e profunda. Tente sentir o silêncio entremeado de batimentos cardíacos.

Desenhe sua vida

O INTUITO ATÉ AQUI tem sido construir referências comuns para, juntos, penetrarmos no mecanismo de apreensão, forjando entre nós um desenho da realidade. Se a linguagem é uma espécie de mapa do planeta, segundo José Arthur Giannotti (2001), é preciso haver um método de projeção ligando os elementos do mapa aos elementos do mundo.

A linguagem representa, sobretudo, a maneira pela qual se interpretam as coisas e se estabelece relação com os outros. Por intermédio das palavras constroem-se os relacionamentos. Ao falar, atua-se. Ao atuar, altera-se o rumo dos acontecimentos. Eis a importância de trazer consciência para o diálogo. São essas conversas expressas ou não que definem nossa história.

O homem moderno vive em um ambiente carregado de significados, imerso em avançadas redes de comunicação, assaltado por estímulos de toda ordem, acuado pelas limitações dos símbolos e das próprias palavras. Para atingir o patamar do sucesso, por exemplo, abandonam-se as primícias do bem-estar pessoal e da coletividade. Dinheiro e sexo acabam simbolizando poder. O que define o senso comum? Quais as razões que nos empurram a conquistar o símbolo acima do que ele, de fato, representa? Tal como expressa Walter Poyares (1998), "o primeiro dos princípios que governa os símbolos é este: o símbolo não é a coisa simbolizada; a palavra não é a coisa; o mapa não é o território que ele representa".

Ao estarmos imersos dentro deste oceano mercadológico da comunicação, permanecemos em um complexo marketing de preferências, gostos, modismos, emoções e comportamentos. Não obstante, para Poyares (1998), o ser humano aquece o universo das palavras. Sua versão transforma-se em sentimento que cria realidades.

Há pouco tempo, ouvi uma criança de três anos dizer a um adulto: "Eu não gosto de você, porque você nunca me dá presentes. Você vai terminar debaixo de uma ponte". Primeiro, deparamos com a confusão entre ser e ter. Seguindo essa lógica, se gostar de mim, você me presenteará. Ter é o mesmo que ser. E se me amar, logo, terá dinheiro. Se não tiver, não me ama. O castigo é permanecer na pobreza. Obviamente essa criança só traduziu em palavras o que ouviu.

O quanto falamos por leviandade sem discernir as conseqüências das nossas palavras? Refiro-me às conversas em torno da mesa, roda de amigos, quando elas se incrementam com crendices e preconceitos. O meio social, de maneira descompromissada, acaba propagando invenções orais que misturam fatos e preconceitos, fantasias e idéias prontas. Qual é nossa responsabilidade em nutrir um julgamento em relação a alguém? O que significa construir ou destruir a imagem das pessoas? Por que incentivar estereótipos sobre povos e regiões?

Lembro-me, no início da virada do século, dos homicídios coletivos de adolescentes nos colégios americanos. Uma questão permaneceu latente: o que estamos fazendo com nossas crianças? Os videogames preferidos são aqueles em que um revólver na mão de um infante resolve imediatamente a partida.

EXPERIÊNCIA PRÁTICA

Uma mãe de família descreveu o horror de perceber que o filho de seis anos adora um jogo cujo personagem central vai matando velhos, moradores de rua e pessoas com alguma deficiência física: "Pior, existem vários tipos de revólveres e até mesmo uma faca. Você vê o sangue jorrar na tela do computador e isso representa que ele saiu vitorioso." É inevitável associar esse fato ao massacre cometido em uma escola da cidade de Columbine, nos EUA: o assassino confessou passar horas jogando videogame.

Em pleno século XXI, a violência desmedida e o descaso desenham barbarismos a olho nu, como os grupos racistas que espalham o terror, reacendendo o pesadelo da supremacia ariana. O episódio genocídio das torres nos EUA é outro exemplo tão atroz quanto a intervenção americana nos países do Terceiro Mundo. As atrocidades continuam sendo cometidas diariamente em nome da globalização da economia. A fome e a sede ainda matam crianças por pura omissão (do Estado, sua, minha, nossa). Interessa-me, diante de tantas atitudes omissas, a revitalização dos sistemas de valores, resgatando nossa intervenção voluntária para mudar o horizonte de possibilidades.

O ser humano está destinado a viver em grupo, mas, infelizmente, não nos foi legada uma aprendizagem formal da comunicação. Em uma empresa ou no ambiente familiar, compartilhamos um passado, uma forma coletiva de fazer as coisas no presente e de caminhar em direção ao futuro. Esse tecer conjunto consiste em, por meio de atos comunicativos, coordenar as ações. Somente ao intervir com consciência, nossa capacidade de transformação produz laços de cooperação e colaboração. A conversa é uma ferramenta decisiva para, em permanência, criar e regenerar o sentido da própria vida. Por meio da linguagem também desenhamos um destino comum.

A abolição do desafeto

A APRENDIZAGEM É CONTÍNUA. Há pessoas que se mostram duras ou insensíveis. Altamente focadas em assuntos pragmáticos da vida ou em resultados, manifestam dificuldade na gestão de pessoas. Em casos extremos, são incapazes de discernir ou de arcar com o ônus do terrorismo relacional que espalham à sua volta.

Ele é muito frio e calculista. Um verdadeiro trator!
Tenho a sensação de que ele nos considera todos incompetentes.
Está sempre apontando uma espada que pode cortar nossa cabeça a qualquer momento. Um horror!

Aqui, uma das lições essenciais é organizar a habilidade de sentir emoções e ganhar em sensibilidade. Saber se colocar no lugar dos demais. Emprestar outros olhares. Alargar a visão. Dosar intuição e objetividade com a satisfação ao se alcançar metas. O "como" depende, em grande parte, do senso de responsabilidade pela vida que se quer ter.

Entretanto, há aqueles que se habituaram a colorir os acontecimentos, recheando-os de exageradas manifestações emocionais. A seqüência de reações impulsivas mina as conversas. Declarar injúrias, buscar pêlo em ovo, perder-se em queixumes, esquecendo a função do diálogo, impede qualquer um de manter o observador alerta, a escuta ativa de si e do outro. É como estar à flor da pele, como um pavio de pólvora prestes a explodir ou a afogá-lo. Enfim, a hipersensibilidade também é descompasso. Tudo vira um drama. Tudo é motivo para se perder em arroubos intempestivos de insensatez. *Nunca vou conseguir. Isso só acontece comigo.* Desorganizar a intensidade emocional exige um labor constante e paciente.

Para que a sensibilidade trabalhe a seu favor, é preciso igualmente de capacidades analíticas (que nada têm a ver com os pensamentos que pensam por você, contra a sua vontade). Pensar de forma lógica e abstrata, entender e resolver problemas, refletir sobre eles, buscando uma compreensão das relações existentes entre as partes e o todo.

Por onde começar? Desorganizando o desafeto. Ser capaz de ouvir com o zelo de uma mãe que, ao primeiro sinal de seu bebê, vai acudi-lo de imediato. Reconhecer e satisfazer as próprias necessidades. Organizar a escuta de si e do outro. Identificar as pausas, os espaços em branco, o que está por trás das palavras. Observar o corpo que fala, o não-verbal. Transpor as palavras enérgicas de entusiasmo e perceber a tristeza, aquilo que nunca é dito. Colocar-se no lugar do seu próximo. Sentir o que ele está sentindo. Ser um com ele, sendo você mesmo.

Às vezes, argumentos brilhantes, estratégias mirabolantes não impedem que as palavras ressoem no vazio. Um olhar e um pequeno gesto, muitas vezes, dizem mais do que mil palavras. Estar literalmente integrado à experiência. O resultado é um contato humano, isento de máscaras e de superficialidades.

Ir além dos julgamentos, vigiando a tendência a catalogar, rotular e limitar nossa visão. Em vez de impor, propor. Em vez de desmanchar-se no coletivo, ser um ser individual, dentro da coletividade. Assim, por meio da autoconsciência, poderemos colaborar com nosso melhor, favorecendo novas atitudes.

A linguagem transformadora

O INDIVÍDUO QUE SE APROPRIA de seu poder de comunicação, como conseqüência natural, aumenta sua habilidade de negociação. O desafio é, a todo momento, entender meu querer. Correr o risco de me posicionar com idéias originais ou diferentes, com minhas referências e fidelidades. Respeitar também o querer alheio, sem me sentir responsável por seus sentimentos, sem me apossar das suas necessidades. Apenas ouvir, sabendo que minha escuta, influenciada por minha história, vai dar sentido ao que o outro diz.

Por meio das interpretações e relatos experimentamos a capacidade humana de dar sentido à vida. São promessas avulsas, comentários despretensiosos, afirmações diárias, declarações de última hora e pedidos nem sempre atendidos que alteram o rumo dos acontecimentos. Também o não-dito, que cresce em silêncio, define uma história.

EXPERIÊNCIA PRÁTICA

"Eu sabia que ele se aproveitava. Imagine que quando cheguei da licença maternidade, tive de dar conta do trabalho de quatro meses que ele deveria ter feito. Eu fazia tudo na boa porque não queria confusão. Além do que, não adiantava falar porque ele era sempre dono da verdade." Um exemplo clássico dos jogos relacionais que obstruem o cotidiano das equipes: alguns se acomodam, enquanto outros trabalham dobrado, o que denota falta de firmeza em colocar limites e evitar a repetição de erros; medo de expressar idéias, de reconhecer sentimentos e expressá-los nos momentos adequados; ausência de diálogo. Por essa razão, os treinamentos de Comunicação Interpessoal devem ter como meio e fim ensejar uma reflexão sobre o querer da empresa: o querer meu, seu e nosso. Que convivência queremos? Quais sãos os princípios norteadores das nossas relações?

Muitos dos conflitos se originam nos alicerces que regulam a convivência. Mesmo, assim, escolas e empresas perdem muito tempo em conscientizar as pessoas acerca das regras. Esquecem do mais importante: de onde é derivada a origem da regra proposta. Uma política de normas e procedimentos só faz sentido quando as equipes se conscientizam de que esta é resultante de princípios – discutidos e incorporados. De nada adianta manter a missão e os valores em quadros de aviso ou enfatizar os deveres de maneira autoritária. Quando se incorpora, por exemplo, valores como a integridade e o espírito de colaboração, certamente se age em concordância com os deveres. O bem comum, neste caso, estará integrado ao modo de vida do indivíduo.

Em suma, os embates de relacionamento e de comunicação, em grande parte, são decorrentes de questões mais profundas – morais e éticas. Que vida eu quero ter? Que ação social eu proponho quando me expresso? Que visão de mundo delineio ao me comunicar? Como quero me expandir? De que forma vamos, juntos, ser competitivos no mercado? Vale tudo? Vale puxar o tapete? Negligenciar as pessoas? Ludibriar? Faltar com transparência?

EXPERIÊNCIA PRÁTICA

Lembro-me de uma situação em treinamento que nos fez refletir: "Nosso lema é transparência. Acontece que recebemos convites para eventos que são distribuídos sem critério preestabelecido. Os diretores recebem convites para seus familiares, enquanto, por exemplo, os responsáveis de marketing e do comercial precisam disputar cortesias para os clientes. Cadê a transparência?"

Outro exemplo nos foi relatado por um funcionário de uma empresa familiar, onde é imprescindível redobrar a vigilância com as questões de transparência. "Algumas questões incomodam todo mundo. Os cargos de chefia são ocupados por familiares, sem nenhum critério de competência. Você tem subordinado muito mais capacitado tecnicamente e com espírito de liderança. É bem complicado..."

A comunicação interpessoal só vai melhorar se as relações forem mais saudáveis. É preciso que as pessoas se conheçam, desenvolvam um sentido comum de responsabilidade compartilhada pela construção da convivência. Aprendam a dividir sucessos e fracassos. Coloquem-se um no lugar do outro, para se compreender e se respeitar. Fomentem bases sólidas que norteiem suas ações. O objetivo é revitalizar o senso ético.

Todo mundo, em princípio, quer realizar a expansão de si mesmo e usa a bússola dos próprios valores para determinar "como" e "com que qualidade" desenvolve potencialidades e define suas escolhas. Diante da "vida que quero ter", as únicas coisas com as quais não posso negociar são, justamente, moral e ética.

A capacidade de examinar continuamente seus valores é a única garantia de as pessoas incorporá-los. Requer coragem para aceitar os pontos de conflito, confrontar com seus equívocos – sem lançar mão de recursos primários como, por exemplo, a arrogância. Nas palavras do consultor australiano Ken O´Donnell, o auto-respeito implica tolerância ao "observar nossos defeitos de maneira desapegada sem desanimar por causa deles", como também em assumir uma postura mais humilde diante dos defeitos dos outros.

EXPERIÊNCIA PRÁTICA

O relato de uma aluna enseja uma reflexão sobre a importância de examinar as próprias limitações e de trabalhar para superá-las: "Minha grande lição é colocar limites. As pessoas só ultrapassam os faróis porque eu mesma permito. Sempre que eu notava algum tipo de abuso, eu acabava me separando das pessoas e ficava uma fúria, julgando que a culpa era delas. Hoje eu percebo que sou a única responsável pelo que me permito viver."

Para Ken, "o auto-respeito é, de fato, a verdadeira humildade que permite reconhecer de forma simultânea o próprio valor e o dos demais" (O'Donnell, 2006, p. 139). Segundo ele, quando não há um auto-respeito genuíno, baseamos nossa valorização numa inútil comparação, porque afinal ninguém é mais ou menos que ninguém. Assim, conclui o autor que o auto-respeito estável evita oscilarmos entre o sentimento de inferioridade e a arrogância. Ao contrário, a humildade possibilita admitir que sejam apenas diferentes com qualidades e defeitos (O'Donnell, 2006, p. 140).

Infelizmente, a ladainha de queixas e críticas costuma ser maior que a prática dos elogios sinceros. Durante os treinamentos, notamos que as pessoas esperam ansiosamente uma boa oportunidade para desabafar sua insatisfação. A grande virada acontece quando são confrontadas a elogiar e a agradecer, reconhecendo o próprio valor e o dos demais.

EXPERIÊNCIA PRÁTICA

Os relatos a seguir, durante um treinamento, são prova do poder curador das conversas.

"Eu nem imaginava o quanto as pessoas reconhecem o que sou e o que faço. Em tantos anos de empresa, nunca tive uma experiência como essa."

"Nunca pensei que as pessoas tivessem tanta consideração por mim. Muito menos que elas enxergassem meu potencial. Fico satisfeito de saber que reconhecem minha competência e minhas qualidades como ser humano."

"Eu cheguei aqui engasgada com as coisas do cotidiano. De repente quando começaram a me elogiar, percebi quanto tempo tinha perdido com minhas reclamações. Sei que a partir de agora vou ser mais tolerante. Percebi não só o meu valor, como as qualidades inatas de cada um. Quero agradecer essa experiência que gerou boa vontade em todos nós."

Em vez de gerarmos expectativas de mudanças nas pessoas, a idéia é investirmos na superação dos próprios limites. Criar uma base sólida calcada em valores internos que influenciam positivamente o entorno. Propor uma rede de colaboração, sustentando a coerência com nossos princípios maiores. Isso nos torna confiáveis.

EXPERIÊNCIA PRÁTICA

Um dos fatores mais desmotivadores em uma equipe é a falta de confiança. "É impressionante, mas até o envio de fax tem de passar por sua supervisão. O grau de exigência é absurdo e a única certeza é de que nunca vamos atender suas expectativas." O excesso de controle não apenas impede o crescimento e a iniciativa, como também provoca desânimo. Ao contrário, uma das premissas da arte de delegar é um clima de confiança mútua. Depositar sobre outrem uma visão positiva de sua competência e de seu potencial, sabendo dosar informação, orientação, firmeza e tempo para o diálogo.

Lembre-se: a comunicação verdadeira só acontece quando existe confiança. Confiança atrai confiança. Confiar em si mesmo e no potencial das pessoas. Admitir erros. Ser fiel às promessas e compromissos. Respeitar a divergência de opiniões e, sobretudo, somar esforços.

EXPERIÊNCIA PRÁTICA

Vejamos o relato de uma consultora:
"Acabei de me separar de uma relação sem crise. Em vez dos julgamentos intempestivos, assumi a minha parte no que construímos. Sinto-me aliviada e pela primeira vez não alimento rancores, nem mágoas. Ao contrário, sou grata por tudo que aprendi."

Tudo depende da base com a qual se constrói os relacionamentos. A solidez do caráter se baseia na coerência com suas crenças, proporcional à confiança que as pessoas depositam em você. Quando existe respeito e desejo de trabalhar *com* e *para* os demais, o clima é de cooperação e lealdade.

Por essa razão, é essencial prestar atenção nos valores – refletir sobre eles e viver por eles. Certificar-se de que você e os que estão do seu lado compreendem esses valores, trabalham de acordo com eles e os aplicam em suas atitudes.

Muitas das lições que aprendemos na vida nos ajudam a formular com clareza convicções e pontos de vista. Quando conhecemos nossas histórias, conhecemos a nós mesmos. Aprendemos a partir de nossas experiências e sabemos onde aprendemos. Ao compartilharmos uma aprendizagem – contando uma história – permitimos que outras pessoas nos conheçam. Além do plano racional, elas se envolvem emocional e intuitivamente. Revelar sua humanidade propicia empatia. Elas aprendem a respeitá-lo. Você se surpreende com a própria dignidade porque resgata os parâmetros que realmente dão sentido à sua existência.

EXPERIÊNCIA PRÁTICA

Algumas histórias narradas durante os treinamentos foram tão decisivas no exercício da escuta ativa (ouvir com o intuito de compreender) quanto reveladoras, gerando empatia na descoberta do outro.

"Minha avó estava no corredor do hospital esperando ser atendida para uma consulta de rotina. Reparou que havia uma jovem grávida que chorava em prantos enquanto carregava uma filha no colo. Minha avó mais que depressa já se inteirou de tudo. A jovem – prestes a dar à luz, estava desesperada porque deixaria o recém-nascido no hospital. A cena foi tão comovedora que minha avó se dispôs a ajudar de alguma forma e deixou seu número de telefone com as enfermeiras. Resultado: no dia seguinte lá estava minha santa avó fazendo os trâmites para a adoção. Ao chegar à casa, a filha e o marido – recém-casados, enternecidos – decidiram de comum acordo adotar a criança. Esse menino sou eu. Desde então, a família, em cada novo casamento, adota um filho. Aprendi com minha avó o valor da generosidade, da compaixão, sobretudo, a olhar o próximo como a mim mesmo. Por isso, eu também, quando me casar, pretendo adotar uma criança."

Outra experiência é um bom exemplo de superação e de compaixão.
"Eu passei longos meses numa cama, imobilizada. Certa manhã, acordei e encontrei o farmacêutico, deitado placidamente no chão do quarto, quase debaixo de minha cama. Ele se desculpou por haver roubado as sobras do meu cobertor. Disse que não teve coragem de ir embora porque eu passara a noite com muitas dores. Para ajudar, como desenlace meses depois, quando me aplicou a última injeção, eu derramei algumas lágrimas. Quando olhei, ele chorava feito um menino.

— Ora, o que deu em você? — perguntei.

— Acontece que você nunca se queixou! Foi uma honra acompanhar a sua dignidade diante da dor.

Certamente, demorei anos para compreender essas palavras. O que nunca pude confessar ao farmacêutico é que sua generosidade tão incondicional me ajudara a curar minhas dores. Sua bondade e devoção me fizeram repensar toda minha vida. Talvez, no fundo, eu recobrasse aí o sentido real do ser humano. Eu já não precisava fazer como antes de forma alucinada, mas ser o melhor de mim como nunca havia sido." O corpo agradece quando assumimos essa parceria amorosa com a própria vida. As emoções cedem lugar a sentimentos mais verdadeiros e refinados. O centro da atenção passa a ser nosso coração. Mas como ele fica maior a cada ato amoroso, cabe dentro dele o mundo inteiro.

Coração inteligente

"DE QUE SERVE A INTELIGÊNCIA racional, quando não a expresso? Quanto vale um coração que não sente? Se algo em mim estiver morto ou adormecido, é porque não faz parte da minha expressão no mundo" (Di Nizo, 2007, p. 16). Essa nota introdutória do meu livro *A educação do querer* tem sido o grande incentivo para inovar, metamorfosear, sustentar a atitude de colaboração criativa. As crenças sobre nós mesmos nos mantêm reféns. Prefiro a visão de seres íntegros, compromissados com a vida, expressando-se com graça, de forma simples e humana.

Por um lado, é bem verdade que as vivências conduzem a um entendimento mais refinado do que é preciso para integrar nossas porções humanas. Por outro, nada disso acontece à revelia ou como um processo puramente mental. Não basta uma dúzia de livros ou *workshop*s bem intencionados. Só você pode gerenciar sua realidade e se superar sob qualquer circunstância. Todo processo de mudança requer que administre seus recursos com sensibilidade e inteligência.

À medida que aprimora a autopercepção, também refina a auto-expressão. Em qualquer situação, o pano de fundo de uma conversa é a medida exata da comunicação que as pessoas estabelecem consigo mesmas. Por isso, a médica Rachel Naomi Remen afirma: "Quem não ama a si mesmo tal como é também raramente ama a vida assim como ela é" (1998, p. 83). Ao desconhecer a própria personalidade, dificilmente é possível ir além de atributos como eficiência, busca de aprovação e de reconhecimento, julgando tudo e todos responsáveis pelo rumo da sua sorte como indivíduo.

Quando a responsabilidade é considerada obra de terceiros, os enredos das histórias pessoais acabam sendo repetitivos, repletos de terrorismo relacionais que nada tem a ver com respeito mútuo. Por fim, a inadequação nas situações de comunicação acaba sendo igualmente previsível.

EXPERIÊNCIA PRÁTICA

Há pouco tempo, durante um curso, houve a seguinte cena entre dois alunos: "É que você fica esperando que alisem sua cabeça para acreditar no que escreve."

Um comentário como esse dá lugar a uma série de mal-entendidos que, por sua vez, geram ainda mais qüiproquós. A questão é a maneira pela qual você disponibiliza a percepção dos fatos. Ao ser demasiadamente exigente e crítico, a tendência é fechar as portas ao diálogo. Em fração de segundos, instaura-se o mal-estar.

Imagine agora retomar o mesmo tema, partindo de um ponto de vista diferente: "Veja bem, você acaba de admitir que só encontra sentido em escrever para o outro. Como seria escrever para si mesma?"

Essa nova construção abre um leque enorme de possibilidades. Se reparar bem, cada vez que se expressa, você revela o observador que é. Em relações próximas, o fenômeno evidencia-se com maior nitidez.

Vejamos um exemplo clássico. A pessoa, por receio de perdê-lo, está sempre cobrando sua presença e aponta para coisas que lhe faltam na vida, compara-se aos demais, sempre insatisfeita. Se disser a ela que é ciumenta e invejosa, prepare-se para a batalha campal. Outra possibilidade mais produtiva é ensejar uma reflexão sobre os presentes diários da vida, sobre as surpresas e os gestos ao acaso que fazem tanta diferença; sobre qualidades inatas que, cada vez mais, aquecem e dão sentido às relações. Uma metade do copo sempre está cheia. Quanta energia é desperdiçada, enfatizando a parte vazia. Perdemos a noção do que temos. Focamos nossa observação no que nos falta e não nas oportunidades de crescimento que a experiência de estar vivo nos proporciona.

EXPERIÊNCIA PRÁTICA

Todo indivíduo se beneficia ao encontrar significação e ao ser tocado intimamente. Aí emerge o reconhecimento não apenas de si, como também do valor das pessoas. Vejamos o relato de uma aluna. "Eu fiquei intrigada com uma matéria que eu li na mídia impressa, ridicularizando o depoimento dos físicos quânticos no filme *Quem somos nós*. Aproveitei e assisti também ao segundo filme *O segredo*. Comprei um caderno universitário e durante trinta dias eu preenchi três páginas, frente e verso, com agradecimentos. Agradeci até mesmo o cheiro gostoso do lençol limpo. Incluí todas as coisas que eu desejava, afirmando-as no presente como se já as tivesse alcançado. Alguma coisa aconteceu que passei a agir de forma decisiva. Fui percebendo quanto tempo perdi com lamentações. Lembrei-me das suas palavras dizendo o quanto tendemos a permanecer na metade do copo vazia. De repente, comecei a perceber igualmente o valor das pessoas."

Às vezes percorremos o mundo, perseguindo um horizonte perdido, e tudo está dentro de nós, sempre esteve. Mas é preciso tirar as sobras. Vascular subterrâneos. Libertar-se de velhas crenças, da vergonha, da necessidade de aprovação, da falsa humildade e da soberba. Modular a expressão com novas tonalidades e ritmos. Despertar o imenso gigante – às vezes adormecido – para desvelar o significado de todas as coisas. Aí nesse coração inteligente reside a tremenda força da vida, a sabedoria inata.

EXPERIÊNCIA PRÁTICA

Um bom exemplo de como é possível mudar atitudes, nos foi relatado por uma aluna. "Lembro-me de uma situação absolutamente decisiva em minha vida. Integrava um grupo espiritual. Por algum motivo, depois de uma reunião, deixaram em casa uma pasta. Abri para saber quem a havia esquecido. Havia um e-mail, cujo assunto era a indicação do meu afastamento. Naquele instante eu comecei a perceber que passara minha vida toda tentando ser aceita pelas pessoas, fazendo de tudo para receber delas aprovação e reconhecimento. Comecei a realizar um luto de mim mesma. O que vale mesmo é que eu resgatei a força da minha dignidade."

Ela poderia ter permanecido no seu lixão dramático, se revoltado ou feito de conta que nada acontecia, anestesiando sua dor. No entanto, reuniu forças para compreender o quanto estava em falta com a administração da própria vida, causa de seu sofrimento. Interessa constatar que podemos intervir no tempo que permanecemos imersos em algum padrão de comportamento e modificar atitudes. Afinal, segundo Anthony Robbins, o poder da comunicação é "mudar sua própria experiência do mundo e as experiências do mundo sobre si mesmo" (Robbins, 1987, p. 23-4).

Abandonar guaritas e muralhas traz consigo o desvelar humano. Aproximamo-nos da humanidade. Isso é fácil compreender ao compartilharmos um idioma de outros povos. Você organiza o pensar e o sentir em nova geografia, novo clima, novo desenho de mundos. O mesmo acontece quando transformamos no dia-a-dia uma relação em uma ponte que fala diretamente ao coração. Você toma como sua a dor, sem se perder nela, torna-se um ancoradouro seguro para o repouso. Você não julga, mas compreende. Não acusa, mas acolhe. Não critica, mas abraça. Não tem pressa, mas sabe esperar. Não dá respostas, mas orienta. Não reduz a visão, mas amplia os horizontes. Você se perde, mas sabe perdoar (a si mesmo e aos demais). Ao ouvir as palavras, decodifica a linguagem silenciosa do coração.

Amar faz toda a diferença

Espalhamos no nosso entorno uma combinação colorida ou opaca de emoções. Oscilamos entre medo-raiva-impotência-preguiça-culpa-tristeza. Esse e outros trens-de-pensamento-e-de-emoção travam nossa expressão, permitindo que o medo fale mais alto que o amor. Toda vez que operamos na insegurança, abrimos as portas para sermos manipulados pelos próprios enganos. Sutilizamos armadilhas.

> Sempre que você age por impulso ou por condicionamento você está no seu piloto automático. Faz coisas sem prestar atenção no efeito que produz a si mesmo e aos demais. Quer queira ou não, você propõe um desenho de mundo. (Di Nizo, 2007, p. 23)

Terminamos, repetidas vezes, por anular, impor, contrabandear, abandonar, tripudiar, desprezar, neglicenciar o querer: meu, seu, nosso.

EXPERIÊNCIA PRÁTICA
Os depoimentos abaixo evidenciam o confronto de quereres:

"Eu sempre me sinto entre a cruz e a espada: apagar o incêndio das pessoas ou me comprometer com minhas prioridades."

"Qualquer solicitação é 'para ontem'. Fico pê/fula da vida porque depois descubro que, pra se garantir, o cara me deu um prazo absurdo. Então, aquele relatório que eu fiz de madrugada ainda continua na caixa de e-mails recebidos. Pior: o que deixei de fazer a semana inteira – por não saber dizer não – já se transformou em urgente pra mim. Tenho a terrível sensação de estar sempre em dívida comigo e de nunca atender as expectativas. Na hora do *feedback*, eu descubro que, no fundo, meu gerente espera de mim mais firmeza."

"Na outra empresa eu também tinha a sensação de viver numa UTI. Agora percebo que repito o mesmo padrão: agrado todo mundo, menos a mim mesma."

"Quando chego à empresa, repasso tudo que tenho a fazer, mas sou atropelada por questões novas que me exigem atenção integral. Sinto-me pressionada e vivo com dor de estômago."

Um dos grandes desafios do mundo corporativo é atingir resultados e cumprir planejamento. As pessoas se queixam do volume assombroso de imprevistos e de não serem donas do seu tempo. Acabam deixando em segundo plano o mais importante: as reais prioridades que, por conseguinte, se transformam, constantemente, em urgências. Sentem-se em falta com a gerência da própria vida, do seu tempo.

Negociar necessidades, prazos e solicitações exigem a abertura para o confronto produtivo de quereres. Em vez de impor a "minha" urgência, posso pedir. Em vez de forjar uma data-limite, confiar na rede de colaboração. Antes de abandonar minhas prioridades, negociar. Mas o que está subjacente é a síntese delicada e necessária entre a fidelidade comigo mesmo e com as escolhas solidárias em prol de um propósito maior. Parafraseando o sociólogo Domenico de Masi (2003, p. 40), se "o espírito se alimenta de solidão e de transcendência; a alma se alimenta de comunidade e de imanência".

Muitas ações trazem prejuízos tanto para nós como para os demais. Basta observarmos os abusos com o meio ambiente. Há muita faxina pela frente. É vital cortar o mal pela raiz. Suspender a síndrome da reclamação, focando nosso olhar atento nas soluções e não nos problemas.

Os obstáculos de toda ordem servem de teste. Em permanência somos confrontados a repetir ou a intervir voluntariamente. O grande desafio é transformar os empecilhos em oportunidades de crescimento. Aprender a lidar com vai-e-véns emocionais. Desfazer moldes antiquados e defasados.

Há variáveis e ocorrências similares, uma montanha de fatores que interagem com sua história de vida. O risco é incorrer na insana busca de respostas prontas, padronizadas, às vezes ingênuas. Nada, nem ninguém, muito menos este livro, poderá ser-lhe útil, a menos que você mesmo faça a sua parte. A capacidade de promover mudanças depende da disponibilidade interna. Afinal, a porta se abre por dentro. Ninguém tem direito de arrombá-la. Só você pode moldar-se e, com isso, modelar o mundo. Sua mudança é que faz diferença.

Assumir cada qual sua parcela de responsabilidade pessoal (consigo mesmo), requer, muitas vezes, confrontar-se com a escuridão da alma, crescendo em compreensão para ser quem é. O crescimento implica que nos tornemos receptivos ao mundo da dor. Reconhecer que somos cúmplices da própria infelicidade. Olhar para o que fizemos a nós mesmos. Os outros só fizeram o que nós permitimos. Nas palavras do psicoterapeuta James Hollis, "a perda da esperança de que os elementos externos venham a nos salvar dá origem à possibilidade de que tenhamos que salvar a nós mesmos" (Hollis, 1995, p. 44).

A todo instante, temos de validar o sentido da nossa existência, o objetivo das nossas ações. Jung dizia que "podemos ir com outra pessoa somente até onde já fomos conosco mesmo". O mote da **Casa da Comunicação** tem sido inspirar cada pessoa a assumir o papel principal no processo de individualização. Escolher a vida que deseja ter. Arriscar uma nova definição de si, sem ser limitado pelas crenças ou pelo mundo externo. Abrir-se para o novo. Criar estratégias e colocá-las em prática, ancorando-se em nosso íntimo. Não só fazer, mas experimentar o estado de ser.

Ao despertar o gigante adormecido, é possível amar-se um pouquinho mais cada dia. Talvez seja necessário mudar a atitude a fim de modificar a realidade, assumindo a parcela pessoal de torná-la melhor. Em vez da tirania das projeções, dos complexos maternos ou paternos, ratificamos nossa independência, o papel da sabedoria intuitiva e da verdade interior.

As mudanças desejáveis só acontecem por meio de uma gestão competente de si mesmo, entendendo a força dos quereres e das capacidades inatas de cada indivíduo. Trata-se do alinhamento delicado e constante quando nos tornamos arquitetos de nossa experiência. É como se juntássemos porções íntimas para bordar uma colcha de retalhos. A tonalidade das cores é determinada pelos sentimentos. Haverá cores estridentes, cores pastel, todas as cores em tons *dégradés*. Os detalhes e a organização dos retalhos serão definidos pela simetria abrangente do modo de pensar o mundo. Alinhavamos, costuramos e arrematamos.

Ainda podemos tingir, desbotar, usar pigmentos da natureza, passar, lavar, encolher, aumentar, expandir, estreitar, alargar, abrandar, intensificar, deixar espaços em branco, colorir, apagar e, continuamente, recomeçar. Cada tecelão – mediante o próprio querer – escolhe e tece a paisagem do seu mundo. Por isso, ao expressar e comunicar o meu e o seu querer, permitimos que a existência ganhe em profundidade. Atrever-se a empreender um caminho novo e saber modificar-se. Atravessar os temores com dignidade, reinventando as pegadas da jornada. Manter a percepção em alerta, imprimindo retidão e justiça, alegria e gratidão. Permanecer irredutível a tudo que possa danificar nossos alicerces. Experimentar aqui e agora e, em todas as coisas, o significado da vida.

Em vez de condenar as discrepâncias, privilegiar o sentimento de "eureca" que coloca a pessoa em relação com seu mundo. Em vez do show de vaidades, garantir as potencialidades em nós mesmos e nos demais. Em vez de impor o meu querer ou de me apropriar do querer alheio, ousar a definição de si. Antes de negociar com o outro, esclarecer o abismo dos próprios desejos. Antes de condenar o querer alheio, entender e apoiar a inabalável fidelidade pessoal. Antes de enviar ou responder um e-mail, de dizer *sim* ou *não*, comprometer-se consigo mesmo e, ao mesmo tempo, com os princípios que regulam nossa convivência.

Ao estar em dia consigo, a razão aflora e emerge da alegria momentânea ou natural de viver. Isso o aproxima de seus semelhantes. Ao escutar-se, saberá escutar com empatia os demais, saberá o que é a dor, o medo do medo, perder-se e buscar novos caminhos. Conversar abertamente para investigar as possibilidades de futuro e chegar a conclusões inovadoras. Aceitar o imprevisível possível do diálogo que compreende as diferenças. Construir, por meio da comunicação, bases sólidas de relacionamento.

Falar, mas se comprometer com sua expressão. Não só se fazer entender, mas acolher o testemunho humano. Não só ouvir as palavras, mas aceitar a imprevisível e infinita magnitude do silêncio. Confrontar a solidão para recuperar nossa totalidade. A aspiração inata da felicidade aflora intimamente. Aí, nunca mais necessitaremos criar ilusões e muletas. Deixa-se de contaminar a relação com ressentimentos para manter sempre vivaz a certeza da renovação. Deseja-se partilhar a visão positiva um do outro. Constroem-se relações de afeto. Distribui-se inspiração a qualquer um, a todo instante, em qualquer lugar.

A comunicação requer tanto habilidade de conhecer-se como de conhecer as pessoas. Compreender a nós mesmos e trabalhar consigo mesmo. Compreender os outros e trabalhar com eles. Receber o testemunho dos outros sem pretender ajustá-lo ao meu querer. O verdadeiro impulso de criatividade, de parceria e colaboração se constrói no diálogo permanente de nossos quereres. Crescer em conjunto é uma emulação solidária e voluntária que combina autonomia e participação, organização e liberdade.

A experiência humana da comunicação é o grande mestre. Aceitá-la e aprender com ela. Só quem se entrega plenamente à possibilidade viva do diálogo, mais que qualquer outra pessoa, torna-se herói da própria jornada. Eis a obra de arte interminável: ratificar a própria autonomia, mantendo-se receptivo ao outro. Inspirar a boa vontade em todas as relações, transformando os quereres numa aprendizagem contínua de amor.

Uma história para lembrar

O que é suficiente, de Clarissa Pinkola Estés

A escritora Pinkola Estés narrou uma história que se passa no final da Primeira Guerra Mundial sobre dois fugitivos da Alemanha. Uma mulher se esconde numa cabana da floresta e ali encontra um senhor, também refugiado. Era véspera de Natal e a única coisa que ocorreu a este senhor foi contar-lhe uma história que também se passava no final de uma guerra... Em plena reconstrução, aproveitava-se cada semente, cada grão de trigo. Dois jovens enamorados queriam se presentear. A jovem vendeu o que tinha de mais precioso – seu cabelo maravilhoso. Recebeu uns tostões e comprou ao marido uma corrente de aço para que pudesse pendurar seu único bem – um relógio de bolso que havia ganhado do avô. Ele, por sua vez, vendera o relógio e comprara um pente para segurar a cabeleira dela. Quando se encontraram, choraram de tristeza: ela, sem a cabeleira, não poderia usar o pente e ele, sem o relógio, tampouco usaria o cordão de aço. Mas, em seguida, abraçaram-se e riram muito porque tinham o suficiente – o melhor e o mais verdadeiro presente era o amor de um pelo outro...

Referências bibliográficas

AGYRIS *et al*. *Comunicação eficaz na empresa* – Como melhorar o fluxo de informações para tomar decisões corretas. Rio de Janeiro: Campus, 1999.

DE MASI, Domenico. *O ócio criativo*. Rio de Janeiro: Sextante, 2000.

_____. *Criatividade e grupos criativos*. Rio de Janeiro: Sextante, 2003.

DI NIZO, Renata. "O sentido das coisas". In: R.C.S.P. Pacaembu, Distrito 4.610, Boletim Informativo Semanal, n. 45, Ano Rotário 2000-01, Jornal Estadium, 28 maio 2001.

_____. *Sem crise* – Vencendo obstáculos da adolescência ao vestibular. São Paulo: Elevação, 2001.

_____. *A educação do querer*. São Paulo: Ágora, 2007.

ECHEVERRIA, Rafael. *Ontología del lenguaje*. Santiago: Dólmen Ensayo, 1998.

GOLEMAN, Daniel. *Trabalhando com a inteligência emocional*. Rio de Janeiro: Objetiva, 1999.

HALLOWEL, M.; EDWARD, J.; RATEY, J. *Tendência à distração* – Identificação e gerência do Distúrbio do Déficit de Atenção da infância à vida adulta. São Paulo: Rocco, 1999.

HOLLIS, James. *A passagem do meio* – Da miséria ao significado da meia-idade. São Paulo: Paulus, 1995.

JOEL, Levy; LEVY, Michele. *O poder da meditação* – Um manual para o bem-estar e o relaxamento. Rio de Janeiro: Nova Era, 2001.

Referências bibliográficas

LA TALLE, Yves. *Vergonha* – A ferida moral. Petrópolis: Vozes, 2002.

_____. *Moral e ética* – Dimensões intelectuais e afetivas. Porto Alegre: Artemed, 2006.

LAMA, Dalai. *O livro da sabedoria*. São Paulo: Martins Fontes, 2000a.

_____. *Uma ética para o novo milênio*. Rio de Janeiro: Sextante, 2000b.

LIMA, João Gabriel de. "Falar e esquecer, eis a questão". *Revista Veja*, São Paulo, n. 44, 7 nov. 2001.

MACKAY, I. *Como ouvir pessoas*. São Paulo: Nobel, 2000.

MARIOTTI, Humberto. Os cinco saberes do Pensamento Complexo (Pontos de Encontro entre as obras de Edgard Morin, Fernando Pessoa e Outros Escritores). Comunicação às 3ªˢ Conferências Internacionais de Epistemologia e Filosofia, abr. 2002.

MARTIN, Jean-Claude. *Communiquer mode d'emploi* – Savoir dire, savoir convaincre: la communication ao quotidian. Paris: Marabout, 2002.

MATURANA, Humberto. *El sentido del humano*. Santiago: Hachette,1992.

_____; VARELA, F. "Fenomenología del conocer". *Revista de Tecnologia Educativa*, Santiago, Chile, 1983.

MENDES DE ALMEIDA, José Ronaldo; MENEGHINI MENDES DE ALMEIDA, Ronaldo. *Novos rumos em comunicação interpessoal*. São Paulo: Nobel, 2000.

MINSKY, M. *La société de l'esprit*. Paris: InterÉditions, 1988.

MORIN, Edgard. *Os sete saberes necessários à educação do futuro*. São Paulo: Cortez; Brasília: UNESCO, 2001.

O'DONNEL, Ken. *Valores humanos no trabalho* – As paredes para a prática. São Paulo: Gente, 2006.

PALMER, Helen. *O eneagrama* – Compreendendo-se a si mesmo e aos outros em sua vida. São Paulo: Paulinas, 1993.

REMEN, Rachel Naomi. *Histórias que curam* – Conversas sábias ao pé do fogão. São Paulo: Ágora, 1998.

REYO, Zulma. *Karma e sexualidade* – A experiência alquímica humana. São Paulo: Ground, 1992.

ROBBINS, A. *Poder sem limites.* São Paulo: Best Seller, 1987.

ROSENBERG, Marshall B. *Comunicação não-violenta* – Técnicas para aprimorar relacionamentos pessoais e profissionais. São Paulo: Ágora, 2006.

SALOMÉ, Jacques. *Heureux qui communique* – Pour oser se dire et être entendu. Paris: Albin Michel, 2003.

_____. *Le courage d'être soi* – Une charte de mieux-être avez soinême et avec autruiu. Paris: Les editions du Relié, 1999.

SALOMÉ, Jacques; Galland, Sylvie. *O segredo da comunicação interpessoal.* São Paulo: Loyola, 1999.

SPOLIN, Viola. *Improvisação para o teatro.* São Paulo: Perspectiva, 1998.

IMPRESSO NA
sumago gráfica editorial ltda
rua itauna, 789 vila maria
02111-031 são paulo sp
telefax 11 **6955 5636**
sumago@terra.com.br

------- dobre aqui -------

CARTA-RESPOSTA
NÃO É NECESSÁRIO SELAR

O SELO SERÁ PAGO POR

AC AVENIDA DUQUE DE CAXIAS
01214-999 São Paulo/SP

------- dobre aqui -------

cole aqui

O MEU, O SEU, O NOSSO QUERER

CADASTRO PARA MALA-DIRETA

Recorte ou reproduza esta ficha de cadastro, envie-a completamente preenchida por correio ou fax, e receba informações atualizadas sobre nossos livros.

Nome: _____ Empresa: _____

Endereço: ☐ Res. ☐ Com. _____ Bairro: _____

CEP: _____ - _____ Cidade: _____ Estado: _____ Tel.: ( ) _____

Fax: ( ) _____ E-mail: _____

Profissão: _____ Professor? ☐ Sim ☐ Não Disciplina: _____ Data de nascimento: _____

1. Onde você compra livros?
☐ Livrarias   ☐ Feiras
☐ Telefone   ☐ Correios
☐ Internet   ☐ Outros. Especificar: _____

2. Onde você comprou este livro? _____

3. Você busca informações para adquirir livros por meio de:
☐ Jornais   ☐ Amigos
☐ Revistas   ☐ Internet
☐ Professores ☐ Outros. Especificar: _____

4. Áreas de interesse:
☐ Psicologia   ☐ Comportamento
☐ Crescimento Interior ☐ Saúde
☐ Astrologia   ☐ Vivências, Depoimentos

5. Nestas áreas, alguma sugestão para novos títulos? _____

6. Gostaria de receber o catálogo da editora? ☐ Sim ☐ Não

7. Gostaria de receber o Ágora Notícias? ☐ Sim ☐ Não

Indique um amigo que gostaria de receber a nossa mala-direta.

Nome: _____ Empresa: _____

Endereço: ☐ Res. ☐ Coml. _____ Bairro: _____

CEP: _____ - _____ Cidade: _____ Estado: _____ Tel.: ( ) _____

Fax: ( ) _____ E-mail: _____

Profissão: _____ Professor? ☐ Sim ☐ Não Disciplina: _____ Data de nascimento: _____

Editora Ágora
Rua Itapicuru, 613 7º andar 05006-000 São Paulo - SP Brasil Tel. (11) 3872-3322 Fax (11) 3872-7476
Internet: http://www.editoraagora.com.br e-mail: agora@editoraagora.com.br

recorte aqui